Stefan F. Gross
Beziehungsintelligenz

Stefan F. Gross

Beziehungsintelligenz

Talent und Brillanz im Umgang mit Menschen

REDLINE WIRTSCHAFT
bei verlag moderne industrie

Die Deutsche Bibliothek – CIP-Einheitsaufnahme

Gross, Stefan F.:
Beziehungsintelligenz : Talent und Brillanz im Umgang mit Menschen / Stefan F. Gross. – München : Redline Wirtschaft bei Verl. Moderne Industrie, 2002
ISBN 3-478-35662-8

Beziehungsintelligenz® ist eine eingetragene Marke.

Umschlaggestaltung: Daniela Lang, 86932 Stoffen
Satz: Fotosatz Reinhard Amann, 88317 Aichstetten
Druck: Himmer, Augsburg
Bindung: Thomas, Augsburg
Printed in Germany 350 662/100201
ISBN 3-478-35662-8

Für
Lydia

Inhaltsverzeichnis

IV. Behandeln Sie Ihren Partner als „besondere Persönlichkeit“: Liefern Sie ihm Wertschätzung

V. Versorgen Sie Ihren Partner mit Kraft und Motivation: Schenken Sie ihm Anerkennung

VII. Machen Sie die Begegnung mit Ihnen für Ihren Partner zu einem beeindruckenden Erlebnis: Zeigen Sie Stil und Klasse in der Kommunikation und Zusammenarbeit

Eine kurze Anmerkung: In diesem Buch wird vorwiegend die männliche Form verwendet, „Kunde“ bzw. „Partner“. Der einzige Grund hierfür ist der, daß bei der Vielzahl von Empfehlungen und Beispielen ständige Doppelnennungen, wie beispielsweise „Denken Sie an Ihre Kundinnen und Kunden und an Ihre Partnerinnen und Partner“, schnell zu einer Strapaze beim Lesen führen würden. Alle Aussagen gelten vom inhaltlichen her selbstverständlich sowohl für Damen als auch für Herren.

Vorwort

Liebe Leserin, lieber Leser!

Sie halten ein Buch in den Händen, das Ihr Leben verändern kann. Lassen Sie mich bitte beschreiben, welchen Nutzen es Ihnen im einzelnen bieten soll.

Wir alle haben persönliche und berufliche Ziele. Jeder von uns möchte ein möglichst hohes Maß an Erfolg haben. Die Herausforderungen im Berufsleben werden aber größer und die Verhältnisse im Privaten oft komplizierter. Sie haben weniger Zeit, aber mehr Druck. Das berufliche Umfeld wird komplexer, und die Ansprüche Ihrer beruflichen Partner werden höher. Viele Menschen sind so eingespannt, daß auch ihr privates Glück zu leiden beginnt. Die große Frage ist deshalb, ob es so etwas wie eine „Kardinal-Erfolgsfähigkeit" gibt, die über den wirtschaftlichen Erfolg, den persönlichen Erfolg und über die Freude am Beruf entscheidet.

Die Antwort lautet *ja*. Diese Fähigkeit existiert tatsächlich. Ich habe sie mit einem speziellen Begriff benannt: Es ist „Beziehungsintelligenz", „Talent und Brillanz im Umgang mit Menschen".

Mit Beziehungsintelligenz gelingt es Ihnen, Ihre beruflichen und privaten Partner zu Ihren Freunden und Verbündeten zu entwickeln und ihre Wertschätzung, ihr Wohlwollen und ihre aktive Unterstützung zu gewinnen. Beziehungsintelligenz verleiht Ihnen unwiderstehliche Anziehungs- und Überzeugungskraft. Sie liefert Ihnen überall dort einen Vorsprung, wo Sie mit anderen Menschen zusammenkommen und zusammenarbeiten.

Je härter der Konkurrenzkampf wird, je mehr sich Produkte und Preise angleichen und je weiter der Druck in den Unternehmen steigt, desto wichtiger wird Beziehungsintelligenz. Sie ermöglicht es Ihnen, sich erkennbar von anderen abzuheben und eine Vormachtstellung im Wettbewerb zu gewinnen.

Auch außerhalb Ihres Berufes hängen Ihr Glück und Ihre Lebensqualität von Ihrer Beziehungsintelligenz ab – von Ihrer Fähigkeit, herzliche und dauerhafte Beziehungen zu anderen Menschen zu begründen und zu erhalten.

Der Titel steht für den Inhalt des Buches. Es beschreibt im Detail, was unter Beziehungsintelligenz zu verstehen ist und mit welchem Verhalten und mit welchen Maßnahmen Sie ein Höchstmaß an Beziehungsintelligenz gewinnen und beweisen.

Es zeigt Ihnen, wie Sie zu einem Profi in der persönlichen Kommunikation und Zusammenarbeit werden und zu einer beeindruckenden Persönlichkeit im Umgang mit anderen Menschen. Es liefert Ihnen damit die Strategie und das Realisierungsprogramm für die Sicherung Ihres Erfolges und Ihrer Lebensqualität insgesamt.

Beziehungsintelligenz bietet aber nicht allein Ihnen Nutzen, sondern auch Ihren beruflichen und privaten Partnern. Sie führt zu einer gelösten, heiteren und enthusiastischen Zusammenarbeit und zu einem respektvollen und herzlichen Umgang miteinander.

Lassen Sie mich zum Abschluß des Vorwortes bitte noch einen kurzen Überblick über den inhaltlichen Aufbau des Buches geben. Ein Stichwort vorab: Es ist ein „Realisierungsbuch“, ein „How-to-do-Buch“. Es sagt nicht allein, *was* zu tun ist, sondern insbesondere *wie* etwas zu tun ist, um die betreffenden Ziele zu verwirklichen.

Es beginnt mit einer Erfolgsanalyse. Die ersten Kapitel beschreiben die „Bausteine Ihres Erfolges“ und die zentralen Erfolgsziele. Sie beschreiben, was „echter“ Erfolg wirklich bedeutet.

Der zweite Buchabschnitt trägt den Titel „Erfolgsstrategie“. Er liefert Ihnen die grundlegende Konzeption für dauerhaften Erfolg und die genaue Definition von Beziehungsintelligenz.

Von da an geht es in jedem weiteren Buchabschnitt und Kapitel um die Realisierung. Schritt für Schritt werden die einzelnen „Dimensionen“ und „Handlungsfelder“ der Beziehungsintelligenz beschrieben. Sie erfahren im Detail, mit welchem Verhalten und mit welchen Maßnahmen Sie Ihre beruflichen und privaten Partner zu Ihren Freunden und Verbündeten entwickeln.

Und noch eine kurze Bemerkung. Sie werden im Buch viele Beispiele finden. Alle diese Beispiele sind authentisch, alles hat sich exakt so zugetragen. Das einzige, was aus verständlichen Gründen verändert wurde, ist die Beschreibung der beteiligten Personen. Diskretion ist auch ein Element der Beziehungsintelligenz.

Genug des Vorwortes. Nehmen Sie sich beim Lesen und Studieren des Buches bitte Ruhe und Zeit. Überstreichen Sie, wenn Sie möchten, die für Sie persönlich besonders interessanten Passagen und Begriffe mit einem Farbstift, um sie später schneller wiederzufinden. Den Hintergrund dieses Buches bildet nicht allein Nachdenklichkeit, sondern auch Erfahrung. Im Laufe meines Berufslebens hatte ich das Glück, Tausenden von interessanten Menschen zu begegnen. Unser Unternehmen wurde von meinem Vater 1961 gegründet, und an Vorträgen und Seminaren von uns beiden haben inzwischen über 420 000 Persönlichkeiten aus der Wirtschaft teilgenommen.

Wenn ich darüber nachdenke, was die erfolgreichsten von ihnen auszeichnet, dann komme ich zu einem eindeutigen Ergebnis: „Persönliche Beziehungsintelligenz"! Ich wünsche Ihnen deshalb viel Freude beim Lesen und bei der Anwendung dessen, was Sie auf den folgenden dreihundert Seiten finden werden.

Herzlichst

Ihr Stefan F. Gross

PS: Der folgende Vorwort-Gedanke ist mir besonders wichtig, deshalb kommt er auch an dieser Stelle. Dies ist ein Buch für Ihren persönlichen Erfolg, beruflich *und* privat. Alle Aussagen und Empfehlungen, die sich auf das Berufsleben beziehen, lassen sich direkt auf den Umgang mit privaten Partnern übertragen, zumal „berufliche" und „gesellschaftliche" Aktivitäten immer mehr miteinander verschmelzen. Auch wenn Sie hauptsächlich im privaten Bereich tätig sind, ist Beziehungsintelligenz der Schlüssel zu allem!

I

Starten Sie mit einer Erfolgs-Basisanalyse

Definieren Sie Ihren Erfolg

Dieses Buch hat eine entscheidende Aufgabe: Es soll Ihren beruflichen Erfolg und Ihre persönliche Lebensqualität erhöhen. Lassen Sie uns deshalb mit dem Kernthema beginnen – mit der Definition Ihres Erfolges!

Was verstehen Sie unter „Erfolg"?

Es gibt wenige Gedanken, die unser Leben so sehr beeinflussen, wie der an unseren persönlichen Erfolg. „Mehr Erfolg" ist das große Motiv, an dem die meisten von uns, bewußt oder unbewußt, ihr Denken und Handeln ausrichten.

Das Paradoxe, besonders im Berufsleben: Je mehr man sich bemüht, Erfolg zu haben, desto größer wird die Gefahr, daß man zu klären vergißt, was er überhaupt bedeutet. Man läuft einem Ideal hinterher, dessen Inhalt unscharf und vage bleibt.

Die meisten Menschen gehen deshalb bei ihrem Erfolgsstreben eher planlos vor. Sie haben zwar eine gefühlsmäßige Vorstellung davon, was sie erreichen möchten und welche Entwicklungen sie vermeiden wollen. In der Hauptsache aber reagieren sie nur auf das, was von außen auf sie zukommt.

Sie bewältigen mit größtem Einsatz die gerade anstehenden Aufgaben. Sie sind völlig damit ausgelastet, Vorgaben zu erfüllen, Verkaufs- oder Umsatzziele zu erreichen, Mitarbeiter zu leiten oder aber ganze Unternehmen auf Kurs zu halten.

Mit anderen Worten: Die meisten Menschen setzen alle Energie dafür ein, in der Gegenwart über die Runden zu kommen. Sie kämpfen fast ausschließlich darum, Lösungen für aktuelle Probleme zu finden und gleichzeitig irgendwie die Chancen zu nutzen, die sich ihnen kurzfristig bieten.

Fast alle haben dabei das Gefühl, immer einen Schritt hinter dem Punkt zurück zu sein, den sie längst erreicht haben wollten. Was für sie übrigbleibt, ist die Hoffnung, daß die Ergebnisse ihrer Anstrengungen in irgendeiner Weise auch ihrem eigenen Wohlergehen zugute kommen.

Die wenigsten Personen nehmen sich dagegen die Muße, darüber nachzudenken, welche Ziele sie wirklich haben, was sie mittel- und langfristig erreichen möchten und mit welcher Strategie sie ihre Vorhaben am besten verwirklichen können.

Die wenigsten Menschen machen sich ausreichende Gedanken darüber, was „Erfolg im Berufsleben“ tatsächlich bedeutet und aus welchen Elementen er besteht.

Ihr Erfolg hat mehr als eine Dimension!

Erfolg kann allgemein als „positives Ergebnis der eigenen Bemühungen“ definiert werden. Eine Erklärung dieser Art zeigt aber, wo die Schwierigkeit liegt. Erfolg ist ein so grundlegender Begriff, daß bei der Definition normalerweise nur eine Beschreibung auf der Überschriftenebene herauskommt, die uns nicht weiterhilft.

Damit wir den Erfolgsbegriff für uns als Leitidee nutzen können, müssen wir ihn mit Leben erfüllen und bei seiner Definition so speziell wie möglich werden. Lassen Sie uns also herausfinden, aus welchen Bausteinen sich „persönlicher Erfolg im Berufsleben“ zusammensetzt und was Persönlichkeiten auszeichnet, die wirklich erfolgreich sind.

An erster Stelle steht die Verwirklichung Ihrer wirtschaftlichen Ziele.

Bestimmte Ziele können Sie frei wählen, andere sind Ihnen aufgrund Ihrer beruflichen Aufgaben vorgegeben. Unabhängig davon, worum es geht: Das Maß, in dem Sie Ihre wirtschaftlichen Ziele erreichen, ist selbstverständlich das erste Kriterium für die Definition Ihres Erfolges.

Für viele ist dieser Zusammenhang aber so offensichtlich, daß sie die Überlegungen an dieser Stelle abbrechen. Sie definieren ihren Erfolg allein anhand von Zahlen oder anhand ihres Einflusses innerhalb ihrer Organisation. So wichtig beide Faktoren auch sind, für eine vollständige Erfolgsbeschreibung genügen sie nicht. Es gibt viele Menschen, die ihre wirtschaftlichen Ziele weitgehend erreichen und die dennoch ein großes Stück von persönlichem Erfolg entfernt sind.

Das zweite Merkmal sind „persönliche Spitzenleistungen“.

Erfolgreiche Persönlichkeiten zeichnen sich dadurch aus, daß sie willens und fähig sind, „persönliche Spitzenleistungen“ zu vollbringen.

Wer seine Begabungen nicht nutzt, wer unter seinen Möglichkeiten bleibt und sich mit Routineleistungen begnügt, unterfordert sich selbst. Er beraubt sich freiwillig seiner Chancen und bringt sich um die Anerkennung und den Respekt seiner Partner im Wirtschaftsleben. Auf Dauer wird er keine persönliche und berufliche Befriedigung gewinnen. Er ist nicht im eigentlichen Sinne erfolgreich, selbst wenn er die ihm gesetzten sachlichen Vorgaben erfüllt.

Wirklich erfolgreiche Menschen haben dagegen einen ausgeprägten Leistungsanstand. Sie wählen Ziele, die eine Herausforderung darstellen, und betrachten es als unter ihrer Würde, halbherzig an eine Aufgabe heranzugehen. Sie sind entschlossen, nicht nur ein durchschnittliches Ergebnis zu erzielen, sondern das bestmögliche überhaupt.

Menschen mit dieser Einstellung fühlen sich zu Recht als Mitglieder der Leistungselite, unabhängig von ihrem Tätigkeitsbereich. Sie wissen, welche Bedeutung ihre Bemühungen für ihre beruflichen Partner haben und möchten ihnen ein Höchstmaß an Unterstützung und Nutzen liefern. Sie betrachten die Qualität ihrer Leistungen als einen Wert an sich und haben den inneren Antrieb, sich selbst zu übertreffen.

Das dritte Merkmal lautet „Erfolgs-Effizienz".

Das dritte Kriterium betrifft die Frage, wie wirkungsvoll die Mittel und Maßnahmen sind, mit denen Sie an Ihre Aufgaben herangehen, und welchen Aufwand Sie betreiben müssen, um ein bestimmtes Ergebnis zustande zu bringen.

Wer ständig von Termin zu Termin hetzt und sich dauernd am Rande des Zusammenbruchs befindet, ist von wahrem Erfolg noch deutlich entfernt, selbst dann, wenn er letztlich alle Aufgaben bewältigt und von seinen Partnern als „Held der Arbeit" gefeiert wird.

Entscheidend ist, daß Aufwand und Ertrag Ihrer Bemühungen in einem günstigen Verhältnis stehen und daß Sie Ihre Vorhaben ohne ein Übermaß an Zeiteinsatz und Kraftverlust verwirklichen können.

Echter Erfolg setzt voraus, daß Sie über Methoden und Realisierungsmittel von hoher Treffsicherheit verfügen und daß Sie sich bei aller Belastung ausreichende zeitliche Reserven und den Gemütszustand der heiteren Gelassenheit bewahren können.

Der vierte Faktor ist die „Erfolgs-Beständigkeit".

Wir alle müssen unsere Fähigkeiten immer wieder neu beweisen. Kaum jemand kann die Ergebnisse einer Arbeitsphase in die folgende mitnehmen. Spitzenresultate in der Gegenwart schützen nicht vor Schwierigkeiten in der Zukunft.

Wenn ein neues Geschäftsjahr beginnt, starten auch die Umsätze bei Null. Eine gelungene Verhandlung am Vormittag ist längst Historie, wenn Sie nachmittags das Gespräch mit Ihrem nächsten Kunden führen.

Echter Erfolg zeigt sich deshalb nicht durch eine begeisternde Überraschungsleistung, sondern ergibt sich durch die Kontinuität, mit der Sie Ergebnisse auf hohem Niveau zustande bringen können.

Der fünfte Erfolgsbaustein ist das Maß der persönlichen Handlungsfreiheit.

Was bringen Ihnen Bestleistungen, was bedeuten Gewinnzahlen, was nutzt persönliche Geltung, wenn sie mit dem völligen Verlust Ihrer Handlungsfreiheit verbunden sind?

Wer ganz unter die Herrschaft von Sachzwängen gerät, wer den Blick für seine eigenen Interessen verliert, wer nur noch im Sinne anderer handelt, kann durchaus materielle Vorgaben erfüllen – ob er tatsächlich erfolgreich ist, steht auf einem anderen Blatt.

Persönlicher Erfolg schließt die Existenz ausreichender Entscheidungs- und Handlungsfreiheit ein. Sie bezieht sich beispielsweise auf die Wahl von Zielen, auf die Art, in der man seine Aufgaben angeht, und auf den Freiraum, den man im Umgang mit seinen Partnern besitzt.

Absolute Freiheit ist im Leben selbstverständlich nicht zu haben, erst recht nicht im Berufsleben. Es gibt fast keine Tätigkeit, bei der Sie nicht in ein Netz von Abhängigkeiten eingebunden sind. Wer völlige Freiheit fordert, vergißt, daß seine Partner ebenfalls berechtigte Anliegen haben, die sie in der Zusammenarbeit oder im Zusammenleben verwirklicht sehen möchten.

Je stärker Sie aber in ein Beziehungsgeflecht eingespannt sind, je aufwendiger es für Sie wird, die Ansprüche anderer zu erfüllen, und je höher Sie Ihre eigenen Ziele ansiedeln, desto wichtiger ist es für Sie, auf Ihre Unabhängigkeit und Selbständigkeit als Elemente Ihres Erfolges zu achten.

Das sechste Erfolgskriterium ist die eigene Stimmung.

Ihr beruflicher Erfolg ist nicht allein davon abhängig, was Sie erreichen, sondern besonders auch davon, was Sie denken und empfinden.

Die eigene Stimmung ist das Element, das am häufigsten vernachlässigt wird und das gleichzeitig von allen Faktoren die größte Bedeutung für das persönliche Wohlergehen besitzt. Der Grad Ihrer Heiterkeit, Ihrer Gelassenheit, Ihres Optimismus und Ihrer inneren Ruhe ist ein elementarer Maßstab für Ihren tatsächlichen Erfolg.

Stellen Sie sich deshalb bitte einmal die Frage, wie viele Stunden am Tag Sie ausgelassen, fröhlich und unbeschwert sind und wie viele Stunden Sie möglicherweise voller Sorgen, unter Druck und mit Ärger verbringen. Fragen Sie sich einmal, welche Wirkung Ihr Beruf auf Ihre Stimmungslage und Ihr Gemüt insgesamt hat.

Ein Berufsleben ohne Schwierigkeiten und Belastungen gibt es nicht. Völlige Illusion ist die Hoffnung, mit steigendem wirtschaftlichen Erfolg werde das Leben leichter. Das Gegenteil ist der Fall. Je ambitionierter Ihre Vorhaben sind und je weiter Sie vorankommen, desto mächtiger werden Ihre Gegenspieler und desto höher werden die Hürden, die Sie überspringen müssen.

Die Schaffung und Erhaltung einer positiven Stimmung ist für Sie deshalb eine der wichtigsten beruflichen Aufgaben überhaupt. Positive Stimmung ist nicht nur eine Ausdrucksform, sondern eine Voraussetzung für Ihren Erfolg. Was Sie benötigen, ist ein Umfeld, in dem Sie Ihre Ziele auf eine angenehme, fröhliche und motivierende Weise erreichen.

Übersetzen Sie die „Elemente des Erfolges“ in konkrete Aufgaben und Ziele

Den ersten großen Schritt haben wir getan. Wir haben analysiert, was „persönlicher Erfolg im Berufsleben“ grundsätzlich bedeutet und aus welchen Elementen er sich zusammensetzt. Wir haben gesehen, was Persönlichkeiten auszeichnet, die wirklich erfolgreich sind.

Selbstverständlich befinden Sie sich in einer ganz individuellen Situation

Sie arbeiten in einer bestimmten Art von Unternehmen, Sie haben spezielle Kunden und Partner, und Sie sind für ein ausgewähltes Tätigkeitsfeld verantwortlich. Wir müssen also bei unserer Erfolgsanalyse einen Schritt weitergehen, um so genau wie möglich sagen zu können, wovon Ihr persönlicher Erfolg abhängt.

Lassen Sie uns nun überlegen, mit welchen Themen Sie sich in Ihrer speziellen Situation beschäftigen müssen und welche Bedingungslage Sie zu schaffen haben, um im oben beschriebenen Sinne erfolgreich sein zu können. Lassen Sie uns darüber nachdenken, welche Ziele sich aus den „Bausteinen des Erfolges“ ableiten lassen und welche Aufgabenstellung vor Ihnen liegt .

Die Themen und Fragen, die über Ihren Erfolg in der Praxis entscheiden, ergeben sich nahezu automatisch

Es sind die Themen, die unmittelbar bestimmen, welche Ergebnisse Sie erzielen, unter welchen Bedingungen und in welchem Umfeld Sie arbeiten, wie schnell Sie vorankommen, welchen Belastungen Sie ausgesetzt sind und welche Wirkung Ihre Tätigkeit bei Ihnen persönlich hinterläßt.

Es sind die Fragen, deren Beantwortung Ihnen eine strategische Erfolgsbasis für alle beruflichen Aktivitäten liefert und mit deren Beantwortung Sie eine „beherrschende Höhe" gewinnen, von der aus Sie im Tagesgeschäft handeln können. Sie lauten:

★ *Wie gewinnen Sie Ihre Kunden und Partner für eine langfristige Kooperation?*

Wie gelingt es Ihnen, Ihre Kunden an sich zu „binden"? Wie erreichen Sie, daß auch Ihre internen Partner entschlossen und auf Dauer mit Ihnen zusammenarbeiten möchten?

★ *Wie sichern Sie die Nachfrage nach Ihren Produkten und Dienstleistungen?*

Wie schaffen Sie eine Lage, in der Sie nicht als Selbstbewerber auftreten, sondern in der Ihre Kunden die Nachfrage von sich aus auf Sie lenken? Wie erreichen Sie, daß sich Ihre Kunden auch bei sachlich vergleichbaren Angeboten für Sie und Ihr Unternehmen entscheiden?

★ *Wie gewinnen Sie eine größere Unabhängigkeit von äußeren Einflüssen?*

Wie können Sie die negative Wirkung von Preiskämpfen mindern? Wie befreien Sie sich insgesamt von erfolgshemmenden Sachzwängen?

★ *Wie können Sie Ihre eigenen Ziele und Vorhaben besser verwirklichen?*

Wie gewinnen Sie Ihre Kunden und Ihre internen Partner für Ihre Ideen und Pläne? Wie vermeiden Sie, daß es zu Widerständen und Kämpfen kommt, wenn Sie Ihre eigenen Vorstellungen in die Zusammenarbeit einfließen lassen möchten?

★ *Wie schützen Sie Ihre persönlichen Ressourcen?*

Wie erhalten Sie sich Ihre Zeit, Ihre Energie und Ihren Enthusiasmus? Wie gewinnen Sie die Motivation und die Kraft für die kommenden Aufgaben und Herausforderungen?

In jedem Fall: Es wird härter

Bevor wir die Lösung für die genannten Fragen finden können, müssen wir eines festhalten: Ihre beruflichen Belastungen werden größer.

Es wird fast allen von uns von Jahr zu Jahr schwerer gemacht, auch mit hervorragenden fachlichen Leistungen und großem persönlichen Engagement die dem Aufwand angemessenen Resultate zu erzielen. Die Zahl der Veränderungen ist kaum zu überblicken, ihre Geschwindigkeit ist enorm. Der erforderliche Energieeinsatz nimmt zu, ohne daß sich die Ergebnisse in entsprechender Weise verbessern.

Produkte, Dienstleistungen und Serviceangebote gleichen sich an, genauso die Preise. Es gelingt immer weniger, sich mit ihnen abzuheben. Ein technisch begründeter Vorsprung wird von den Mitbewerbern in kürzester Zeit erkannt und aufgeholt. Selbst Hightech-Produkte entwickeln sich zu Gebrauchsgütern, wie beispielsweise im Computerbereich.

Der Wettbewerb und der Preisdruck steigen massiv. Neue und aggressive Konkurrenten versuchen mit allen Mitteln, den etablierten Anbietern die Kunden abzujagen.

Gleichzeitig werden die Kunden von sich aus selbstbewußter und anspruchsvoller. Sie befinden sich selbst unter Druck und geben ihn, ohne zu zögern, an ihre Geschäftspartner weiter. Ihre Forderungen nehmen zu, und ihre Geduld bei Nichterfüllung nimmt ab.

Die Verhältnisse in vielen Unternehmen ändern sich deshalb ebenfalls. Es besteht der Zwang zu überschnellen Entscheidungen und Handlungen. Was fast allein zählt und bewertet wird, sind die kurzfristigen wirtschaftlichen Ergebnisse. Der Stil der Zusammenarbeit wird nicht unbedingt besser. Meist ist die Gelassenheit längst verlorengegangen, von der Heiterkeit ganz zu schweigen. In vielen Organisationen ist die Kollegialität massiven Belastungen ausgesetzt.

Sie benötigen eine persönliche Erfolgsstrategie!

Die Lagebeschreibung zeigt, worauf es ankommt. Ihr berufliches Umfeld wird komplexer, und die Anforderungen an Ihre Zeit, an Ihre Kraft und an Ihren persönlichen Einsatz werden größer. Sie haben keine Chance auf wirklichen Erfolg, wenn Sie jedesmal große Anläufe unternehmen müssen, wenn Sie ein wichtiges Ziel erreichen möchten oder wenn eine bedeutende Aufgabe ansteht.

Was Sie benötigen, ist eine persönliche Erfolgsstrategie, die es Ihnen so einfach wie möglich macht, die beschriebenen Aufgaben zu erfüllen und damit Ihre beruflichen Kernziele zu erreichen. Die abschließende und wichtigste Frage unserer Erfolgsanalyse lautet deshalb:

Welcher Erfolgsfaktor hat die größte Bedeutung im Berufsleben? Was entscheidet also über Ihren wirtschaftlichen Erfolg, Ihr persönliches Vorankommen und über Ihre Freude an Ihrem Beruf? Was bildet den Kern Ihrer persönlichen Erfolgsstrategie?

II

Machen Sie „Beziehungs-intelligenz“ zum Kern Ihrer persönlichen Erfolgsstrategie

Die Antwort auf alle Fragen lautet: Ihr Berufsleben ist ein Beziehungsleben!

Sicher existieren viele Faktoren, die Ihren Erfolg beeinflussen. Es gibt aber eine strategische Erfolgsformel, die wie ein Augenöffner wirkt. Sie zeigt blitzartig, worauf es wirklich ankommt: Ihr Berufsleben ist ein Beziehungsleben!

Die Qualität Ihrer Beziehungen ist der Kardinal-Erfolgsfaktor

Bitte rufen Sie sich noch einmal kurz ins Gedächtnis, aus welchen Bausteinen wirklicher Erfolg besteht und welche Fragen bestimmen, wie erfolgreich Sie in der Praxis sein können.

Es geht um Ihre wirtschaftlichen Ergebnisse, um die Qualität, Effizienz und Beständigkeit Ihrer Leistungen und schließlich um Ihre Handlungsfreiheit und Stimmung.

Es kommt darauf an, daß Sie Ihre beruflichen Partner an sich binden, daß Sie den Vertrieb Ihrer Produkte erleichtern und sichern, daß Sie Ihre eigenen Vorhaben stärker verwirklichen und daß Sie Ihre persönlichen Ressourcen schützen. Ein anspruchsvolles Programm!

Bei allen Aktivitäten und Zielen spielt die Qualität Ihrer Beziehungen die zentrale Rolle

Unabhängig davon, welche Tätigkeit Sie ausüben und wie groß Ihr Einfluß und Ihre Machtmöglichkeiten sind – Sie arbeiten nicht im „luftleeren Raum“. Sie sind immer mit anderen Menschen verbunden, die an irgendeinem Punkt der Entwicklung darüber entscheiden, wie weit Sie kommen, unter welchen Bedingungen Sie arbeiten und wie wohl Sie sich fühlen.

Ihre Begabung, Ihre fachlichen Fähigkeiten und Ihr Einsatz können noch so hoch sein, ohne entsprechende Beziehungen haben Sie keine Chance auf wirklichen Erfolg.

Sie können Ihren Beruf nicht genießen, wenn Sie als Einzelkämpfer in einem negativ gestimmten Umfeld tätig sind und wenn Sie immer wieder gegen Widerstände anderer ankämpfen müssen. Sie können nur einen Bruchteil Ihrer Pläne verwirklichen, wenn Ihnen der Goodwill und die Hilfe Ihrer Partner fehlen und wenn Ihnen niemand ausreichend Zeit und Aufmerksamkeit schenkt.

Völlig anders ist die Lage, wenn Sie über eine Vorzugsstellung im Wettbewerb verfügen, wenn Sie von Ihren Kunden und Partnern mit offenen Armen empfangen werden und wenn Sie in einem enthusiastischen Team und in heiterer Atmosphäre arbeiten. Nur bei einer solchen Bedingungslage können Sie Ihr Fähigkeits-Potential vollständig ausschöpfen und im eigentlichen Sinne erfolgreich sein.

GFT
Ihr
Berufsleben
ist ein
Beziehungs-
leben!
STEFAN F. GROSS - ERFOLGSFORMEL
© GFT München

Die Qualität Ihrer Beziehungen läßt sich genau beschreiben

Sie äußert sich erstens darin, welche Einstellung ein Kunde oder Partner zu Ihnen hat, also was er über Sie denkt, was er von Ihnen hält und wie er Sie als Menschen beurteilt.

Sie zeigt sich zweitens in der Art seiner Verbundenheit mit Ihnen und damit in seinem Interesse und seiner Neigung, mit Ihnen zusammenzusein und zusammenzuarbeiten.

Die Qualität Ihrer Beziehungen entscheidet, wie ein beruflicher Partner Ihnen gegenüber auftritt, wie er sich Ihnen gegenüber in der Zusammenarbeit verhält und was er für Sie persönlich und Ihre Anliegen zu tun bereit ist.

„Normale" Beziehungen genügen nicht

Bitte überlegen Sie einmal, in welcher Lage Sie sind, wenn Sie nur über „die üblichen" oder über rein sachlich begründete Beziehungen zu einem Partner verfügen, beispielsweise zu einem bestimmten Kunden.

Bei durchschnittlichen Beziehungen sind Sie Ihrem Kunden oder Partner weitgehend gleichgültig. Er arbeitet allein aus sachlichen Gegebenheiten mit Ihnen zusammen. Er sieht keinen Grund, sich Ihnen gegenüber loyal zu verhalten und sich mehr für Sie zu engagieren als für alle anderen. Er hat letztlich nur seine eigenen Interessen im Auge.

Sie können Ihre persönlichen Anliegen nur mit großem Kraftaufwand durchsetzen, wenn überhaupt. Bereits kleine Meinungsunterschiede oder geringfügige Probleme können sich zu massiven Schwierigkeiten auswachsen.

Aus seiner Sicht sind Sie und Ihre Leistungen letztlich austauschbar. Er bringt weder Ihren Produkten besonderes Vertrauen noch Ihren persönlichen Bemühungen besondere Achtung entgegen. Sie sind gezwungen, ihn bei jedem Projekt aufs neue vom Wert Ihrer Erzeugnisse zu überzeugen und ihm zu beweisen, weshalb Sie mehr bieten als andere.

„Normale" Beziehungen sind instabile Beziehungen. Sie können jederzeit zerbrechen oder von außen beeinträchtigt werden, beispielsweise durch Aktivitäten Ihrer Konkurrenz oder durch Veränderungen in der Welt Ihres Kunden, auf die Sie keinen Einfluß haben.

„Normale" Beziehungen genügen deshalb in keiner Weise. Im Gegenteil. Sie vermitteln das trügerische Gefühl, daß alles in Ordnung sei, liefern aber in Wahrheit keine Sicherheit und keinen Vorteil. Sie sind für Sie keine Erfolgshilfe, sondern eher eine Erfolgsblockade.

Außergewöhnliche Beziehungen liefern dagegen außergewöhnlichen Nutzen

Lassen Sie uns die Vorteile enger persönlicher Beziehungen *anhand eines Beispiels betrachten.* Der Geschäftsführer eines bedeutenden Lebensmittelunternehmens erhält einen Anruf von einem seiner wichtigsten Kunden, mit dem er seit über zwanzig Jahren freundschaftlich zusammenarbeitet. Der Kunde eröffnet ihm voller Bedauern, daß er in Zukunft bei einem anderen Anbieter kaufen müsse, da dieser etwas billiger sei, wenn auch bei entsprechend schlechterer Qualität.

Wie verhält sich der Geschäftsführer des Lebensmittelunternehmens? Er beginnt nicht zu wehklagen, sondern äußert sein Verständnis. Er verhält sich während des gesamten Gespräches höflich und gesittet. Nach dem Telefonat springt er in sein Auto, besorgt einen wundervollen Blumenstrauß und fährt zu seinem (Ex-)Kunden. Dort überreicht er ihm die Blumen als Überraschungsgeschenk und bedankt sich herzlich für die vielen Jahre der angenehmen Zusammenarbeit. Sein Kunde ist wie vom Donner gerührt.

Drei Monate später ruft der Kunde wieder an. Er sagt wörtlich: „Wir haben uns in der Geschäftsleitung entschlossen, von heute an wieder bei Ihnen zu kaufen. Die anderen mögen vielleicht etwas billiger sein, als Menschen sind sie aber im Vergleich zu Ihnen für uns unerträglich."

Das Beispiel zeigt das Prinzip. Eine hohe Beziehungsqualität setzt die üblichen Spielregeln außer Kraft. Sie erleichtert es Ihnen nicht nur, Ihre aktuellen Aufgaben zu erfüllen, sondern ermöglicht Ihnen Erfolge, die unter normalen Umständen außerhalb der Reichweite liegen.

Konzentrieren Sie sich deshalb auf die Begründung und Erhaltung der bestmöglichen Beziehungen zu Ihren Kunden und Partnern

Die Qualität Ihrer Beziehungen beeinflußt alle Bereiche Ihres Berufslebens. Je besser Ihre Beziehungen sind, desto größer werden Ihr wirtschaftlicher Erfolg, Ihr persönlicher Erfolg und Ihre Freude an Ihrem Beruf.

Die entscheidende strategische Aufgabe lautet deshalb: Schaffen und sichern Sie zu Ihren beruflichen Partnern die besten Beziehungen, die möglich sind. Es gibt keine andere Aufgabe, die wichtiger für Sie ist und die sich langfristig mehr für Sie lohnt.

Entwickeln Sie Ihre Kunden und Partner zu Ihren Freunden und Verbündeten

Zu einem Kunden oder Partner, den Sie als Freund und Verbündeten gewonnen haben, besitzen Sie die höchste Stufe der Beziehungen – „Special Relations“. Der Nutzen dieser Art von Beziehungsqualität ist gewaltig. Lassen Sie uns sehen, wodurch sich „Besondere Beziehungen“ im einzelnen auszeichnen und welche konkreten Vorteile sie Ihnen bieten.

Ein Freund und Verbündeter empfindet ein hohes Maß an persönlicher Verbundenheit mit Ihnen

Sie besitzen das Wichtigste, was Sie im Wirtschaftsleben gewinnen können – seine Wertschätzung, seinen Respekt und seine Sympathie. Er betrachtet Sie als gleichberechtigten Partner, mit dem ihn gemeinsame Werte, Interessen und Ziele verbinden.

Er arbeitet mit Ihnen zusammen, weil er es möchte und weil er Sie mag, und nicht, weil er es muß oder weil es sich zufällig so ergeben hat. Er trifft die Grundsatzentscheidung für eine langfristige Geschäftsbeziehung und unternimmt von seiner Seite aus alles, um den Kontakt zu Ihnen zu erhalten und für die Zukunft zu sichern.

Sein Verhalten ist weder von einer kühlen „Kunden-Lieferanten-Beziehung“ geprägt noch von den oft nüchternen Gegebenheiten unternehmensinterner Kooperation. Es entsteht ein offener und freiheitlicher Stil des Umgangs miteinander.

Ein Freund und Verbündeter begegnet Ihnen mit Wohlwollen

Er verhält sich fair. Wenn ein Problem auftaucht oder die Dinge anders laufen als geplant, reagiert er verständnisvoll und großzügig. Er verzeiht Ihnen einen möglichen Fehler und versucht nicht, die Situation für sich auszunutzen und Sie mit Schuldzuweisungen unter Druck zu setzen. Sie können den Engpaß in Ruhe beseitigen und einen neuen Anlauf unternehmen.

Er gönnt Ihnen Ihren Erfolg und reagiert nicht mißgünstig oder neidisch, wenn er sieht, daß auch Sie von der Zusammenarbeit profitieren. Anstatt Ihnen Steine in den Weg zu legen, freut er sich mit Ihnen über eine gelungene Leistung und über die Anerkennung, die Sie gewinnen.

Ein Freund und Verbündeter liefert Ihnen aktive Unterstützung

Er fördert nicht nur seine, sondern auch Ihre Ziele in der Zusammenarbeit. Er kämpft nicht mit allen Mitteln darum, selbst den größtmöglichen Vorteil zu erlangen, sondern betrachtet jedes Projekt mit Ihnen als ein gemeinsames Vorhaben.

Er akzeptiert Ihre Anliegen als berechtigte Interessen und bemüht sich, Ihnen Ihr Vorankommen zu erleichtern. Sollten Hindernisse entstehen, versucht er, sie für Sie aus dem Weg zu räumen. Falls es erforderlich wird, ergreift er gegenüber Drit-

Strategisches Ziel

Die Entwicklung von Kunden und Partnern zu Freunden und Verbündeten

Begründung
„Besonderer Beziehungen"

Status
Special Relationship

STEFAN F. GROSS - ERFOLGSFORMEL

ten Ihre Partei und ist bereit, sich bei seinen eigenen Partnern für Sie und Ihre Belange einzusetzen.

Je schwieriger die Zeiten werden, desto wertvoller werden Freunde und Verbündete

Es gibt zwei Arten von „Straßen“, auf denen Sie sich bei der Zusammenarbeit bewegen können. Erstens die offiziellen Pfade, auf denen alle unterwegs sind und auf denen Sie ständig in Staus geraten. Zweitens die inoffiziellen Schnellstraßen, auf denen Sie rasant vorankommen könnten, die aber durch Schranken und Stoppschilder blockiert sind.

„Besondere Beziehungen“ bewirken, daß Ihr beruflicher Partner die Schranken und Stoppschilder für Sie entfernt. „Besondere Beziehungen“ öffnen für Sie Lösungswege, die anderen letztlich verschlossen bleiben.

„Besondere Beziehungen“ entkomplizieren die Zusammenarbeit und erleichtern das Finden von Lösungen.

Sie müssen sich nicht immer wieder durch mehrere Instanzen zu Ihrem Partner vorarbeiten, sondern können ihn direkt und unkompliziert erreichen. Sie erhalten frühzeitige und zuverlässige Informationen und können Mißverständnisse und Probleme bereits im Vorfeld verhindern.

Es gibt kein großes Hin und Her, sondern es kommt zu schnellen und verbindlichen Entscheidungen. Sie gewinnen einen Handlungsvorsprung. Oft kann bereits ein persönliches Gespräch eine Frage klären, bei der ohne entsprechende Beziehungen nur umfangreiche Verhandlungen einen Fortschritt bringen würden.

Ein Freund und Verbündeter ist bereit, für Sie nach Ausnahmelösungen zu suchen und Spezialvereinbarungen mit Ihnen zu treffen.

Er diskutiert nicht lange die Schwierigkeiten und Hindernisse, sondern denkt mit Ihnen über neue Lösungsmöglichkeiten und Kompromißchancen nach. Es geht ihm nicht um die Einhaltung von Hierarchien und Formalien, sondern um das Erzielen von Ergebnissen.

Einen Satz wie „Das geht leider nicht, das müßten wir sonst bei allen machen" werden Sie von einem Partner, der sich als Freund und Verbündeter von Ihnen fühlt, nicht hören.

Bei „Besonderen Beziehungen" bevorzugt Ihr Partner Sie bei der Zuordnung seiner persönlichen Ressourcen.

Jeder Ihrer beruflichen Partner ist von einer Vielzahl unterschiedlicher Themen besetzt. Er muß entscheiden, womit er sich beschäftigt und für wen er sich engagiert. Er kann nicht „für jeden" da sein, bei sämtlichen Problemen helfen und allen Personen den gleichen Goodwill entgegenbringen. Irgendwann sind seine Kapazitäten erschöpft.

Sie stehen deshalb im Wirtschaftsleben nicht allein im Wettbewerb um die finanziellen Budgets eines Partners, sondern besonders in Konkurrenz um seine Zeit, seine Energie und sein Realisierungsvermögen.

„Besondere Beziehungen" garantieren Ihnen eine Vorzugsstellung. Ein Freund und Verbündeter entscheidet sich automatisch für Sie und Ihre Anliegen, wenn er zwischen konkurrierenden Arbeiten zu wählen hat und wenn es zu zeitlichen, kräftemäßigen oder organisatorischen Engpässen kommt.

„Besondere Beziehungen“ liefern Ihnen die Erfolgsbasis für Ihre fachlichen Leistungen

Der möglicherweise wertvollste Nutzen soll den Abschluß unserer Überlegungen bilden.

Es besteht ein direkter Zusammenhang zwischen der Einstellung eines Partners zu Ihnen persönlich und der Art und Weise, in der er Ihre fachlichen Leistungen wahrnimmt und bewertet. Je größer seine Sympathie und sein Wohlwollen für Sie als Person sind, desto größer sind auch seine Wertschätzung und seine Anerkennung für Ihre Produkte und Arbeitsergebnisse.

Ein Freund und Verbündeter ist sehfähig für das, was Sie ihm bieten. Er ist von Anfang an positiv gestimmt und konzentriert sich auf die Stärken und Vorzüge Ihrer Leistungen. Er ist bereit, Ihren Einsatz und Ihre fachliche Professionalität zu würdigen und von sich aus die Vorteile zu nennen, die er von der Zusammenarbeit mit Ihnen hat.

Mit Beziehungsintelligenz gewinnen Sie alles!

Die Entwicklung von Kunden und Partnern zu Freunden und Verbündeten ist die anspruchsvollste Aufgabe überhaupt. Sie können Ihre beruflichen und privaten Partner nicht dazu zwingen, Sie zu mögen und gerne mit Ihnen zusammenzusein und zusammenzuarbeiten. Sie können sich ihre Wertschätzung, ihr Wohlwollen und ihre Unterstützung auch nicht erkaufen. Es sind Werte, die Ihnen von anderen freiwillig und aus eigenem Antrieb geliefert werden, oder überhaupt nicht.

Das normale Verhalten, das die meisten Menschen an den Tag legen, bringt Sie nicht weiter. Es reicht in keiner Weise, genausowenig wie eine außergewöhnliche Einzelaktion oder ein einmaliger Kraftakt, nach denen man wieder in der Verhaltensroutine versinkt.

Fachliche Leistungen genügen nicht

Um kein Mißverständnis entstehen zu lassen: Ohne überzeugende Produkte und Dienstleistungen haben alle Maßnahmen für die Gewinnung von Freunden und Verbündeten im Berufsleben wenig Wert. Vorzügliche fachliche Leistungen sind die Grundbedingung für gute Beziehungen. Alle Bemühungen um einen Partner scheitern, wenn die fachliche Kompetenz fehlt. Das Problem ist aber, daß professionelle fachliche Leistungen nicht genügen.

Erstens sind eine hohe Produkt- und Servicequalität aus Sicht von Kunden ein selbstverständlicher Anspruch, an dessen Erfüllung sie sich längst gewöhnt haben. Die fachliche Qualität wird erst dann zu einem Thema, wenn sie nicht den Anforderungen genügt. Das gleiche gilt für die Güte der fachlichen Leistungen, die Sie für Ihre internen Partner erbringen.

Die zweite Ursache haben wir bereits angesprochen. Produkte und Dienstleistungen werden ähnlicher und damit austauschbar. Nahezu jeder Kunde kann unter einer Vielzahl von Anbietern wählen, die rein sachlich und preislich betrachtet fast das gleiche bieten.

Drittens ist es für Kunden oft schwierig, Unterschiede bei der Produktqualität überhaupt zu erfassen, beispielsweise, weil die Kenntnisse für eine Beurteilung fehlen, weil die eigentliche Leistung in Abwesenheit der Kunden erbracht wird oder weil die ausschlaggebenden Produkteigenschaften von außen nicht erkennbar sind.

Um „Besondere Beziehungen“ begründen und erhalten zu können, benötigen Sie deshalb Kenntnisse und Fähigkeiten, die über das rein Fachliche hinausreichen.

Der Schlüssel zu Ihrem Erfolg heißt „Beziehungsintelligenz“

Es gibt eine Fähigkeit, die entscheidet, welche Beziehungsqualität Sie herstellen können und ob es Ihnen gelingt, Ihre beruflichen und privaten Partner zu Ihren Freunden und Verbündeten zu entwickeln. Es ist Ihre Beziehungsintelligenz.

Die Definition von Beziehungsintelligenz zeigt ihre Bedeutung.

Ihre Beziehungsintelligenz ergibt sich aus der Klugheit, der Wachheit und der Umsicht, die Sie in Ihrem Verhalten gegenüber anderen Menschen an den Tag legen. Sie zeigt sich in einem regelrechten Katalog von Fähigkeiten.

Sie bedeutet erstens die Fähigkeit, die Persönlichkeit und die individuellen Eigenarten eines Partners zu erfassen und in besonderer Weise auf ihn und seine Interessen einzugehen.

Sie bedeutet zweitens die Fähigkeit, sein Selbstwertgefühl und Selbstbewußtsein zu stärken, und drittens, ihm ein Höchstmaß an Nutzen und persönlicher Zufriedenheit zu liefern.

Beziehungsintelligenz bedeutet schließlich die Fähigkeit, die persönliche Kommunikation und Zusammenarbeit für den anderen zu einem Erfolgserlebnis und außergewöhnlichen Ereignis zu machen und ihn nicht allein mit fachlichen Leistungen zu versorgen, sondern auch mit Energie, mit Entschlossenheit und mit Mut.

Wirkliche Beziehungsintelligenz läßt sich mit „Talent und Brillanz im Umgang mit Menschen" übersetzen.

Es ist die Befähigung, durch das eigene Verhalten und Auftreten andere Menschen zu begeistern, sie für sich zu gewinnen und sie im positiven Sinne zu motivieren und zu bewegen. Wer Beziehungsintelligenz besitzt, dem verleiht sie unwiderstehliche Anziehungs- und Überzeugungskraft. Sie bildet das Geheimnis von „Charisma" und persönlicher Ausstrahlung.

Beziehungsintelligenz wirkt dreidimensional.

Sie bildet eine „strategische Erfolgsfähigkeit", die Ihnen überall dort einen Vorsprung gibt, wo Sie mit anderen Menschen zusammenkommen und zusammenarbeiten. Sie bestimmt Ihren Status bei Ihren Kunden und Ihre Positionierung bei Ihren Partnern innerhalb Ihres Unternehmens.

Sie entscheidet aber auch, wie sich Ihr privates Leben gestaltet. Auch außerhalb des Berufes hängen Ihr Glück und Ihre Lebensqualität davon ab, wie Sie mit anderen Menschen umgehen und ob Sie ohne Schwierigkeiten freundschaftliche, herzliche und dauerhafte Beziehungen schaffen und erhalten können.

Das Leitmotiv der Beziehungsintelligenz lautet: Was Sie geben, erhalten Sie zurück!

GFT
Beziehungs-
intelligenz:
Begeistern
Gewinnen
Bewegen
von Menschen
STEFAN F. GROSS - ERFOLGSFORMEL
© GFT München

Beziehungsintelligenz wird immer wichtiger

Es gibt eine Vielzahl zentraler Entwicklungen, die beweisen, daß Beziehungsintelligenz nicht allein Ihre Erfolge in der Gegenwart bestimmt, sondern besonders auch Ihre Erfolgsfähigkeit in der Zukunft. Über die erste Tendenz haben wir gesprochen.

Der Wettbewerb wird härter, und die Produkte und Preise werden ähnlicher

Beziehungsintelligenz wird deshalb immer mehr zu der Eigenschaft, die über den Markterfolg entscheidet und mit der Sie eine Überlegenheit und Vormachtstellung im Wettbewerb gewinnen.

Sie ermöglicht es Ihnen, sich erkennbar und wirkungsvoll von Ihren Mitbewerbern abzuheben. Sie liefert Ihnen die Strategie und die Aktivitäten, mit denen Sie Ihre Kunden in Ihrem Kraftfeld halten und langfristig an sich und Ihr Unternehmen binden.

„Besondere Beziehungen“ zu Ihren Kunden sind die größte Barriere, die Sie gegenüber Ihren Konkurrenten errichten können. Produkt- oder Serviceverbesserungen können relativ schnell nachgeahmt werden. Beziehungsintelligenz wirkt sich dagegen im direkten Kontakt zwischen Ihnen und Ihren Partnern aus. Sie ist für Ihre Mitbewerber deshalb schwer nachzuvollziehen. Sie bildet eine Art Geheimwaffe im Wettbewerb.

Eine andere Tendenz ist die zunehmende Verflechtung von Unternehmen

In allen Bereichen der Wirtschaft kommt es zu engeren Verbindungen zwischen Unternehmen, zu strategischen Allianzen, zu Kooperationen und gemeinsamen Projektgruppen. Denken Sie beispielsweise daran, wie viele Anbieter zusammen mit ihren Kunden Forschungs- und Entwicklungsteams bilden, um schneller und gezielter zu neuen Produkten und Problemlösungen zu kommen.

Gleichzeitig gibt es in jeder Branche Konzentrationsprozesse und Unternehmensverschmelzungen. Oft werden Firmen verbunden, die völlig unterschiedliche Historien und Organisationskulturen haben.

Ob die geschilderten Kooperationen für die Unternehmen zu einem Erfolg werden und ob die beteiligten Mitarbeiter die neuen Entwicklungen als Chancen nutzen können, hängt letztlich von der Beziehungsintelligenz aller Mitwirkenden ab. Es kommt auf die Fähigkeit an, offen auf neue Partner zuzugehen, sich auf sie einzustellen und auf professionelle und gewinnende Art mit ihnen zusammenzuarbeiten.

Je turbulenter die Zeiten werden, desto wichtiger wird für uns alle deshalb unsere Beziehungsintelligenz, auch im Sinne einer „Überlebensfähigkeit“ in einer Unternehmensumwelt, die sich rasant und unübersichtlich verändert.

Ein dritter Trend ergibt sich aus der qualitativen Entwicklung der Sachleistungen

Je höher das Qualitätsniveau der Produkte wird, je stärker Angebote und Dienstleistungen verfeinert werden, desto größer werden auch die Erwartungen der Kunden an das persönliche Verhalten ihrer Geschäftspartner. Die Kunden setzen voraus, daß eine steigende Qualität fachlicher Leistungen automatisch zu einer steigenden Qualität im Umgang miteinander führt. Hightech-Produkte und Neandertaler-Verhalten passen immer weniger zusammen.

Noch klarer wird die Lage, wenn man an die Entwicklung hin zur sogenannten Informations- und Dienstleistungsgesellschaft denkt.

Die Fähigkeit zur professionellen Kommunikation und Zusammenarbeit ist die Basisvoraussetzung für ein erfolgreiches Informations- und Dienstleistungsverhalten. Ohne Beziehungsintelligenz bleibt der große Wettbewerbsfaktor „Kundenservice" eine lächerliche Ankündigung und ein leeres Versprechen.

Die Liste der Entwicklungen ließe sich noch lange fortsetzen.

Für uns genügen aber sicher zwei zentrale Erkenntnisse. Erstens wird Beziehungsintelligenz immer mehr zu einer „Basisfähigkeit", ohne die man in keinem Bereich mehr auskommt und die man für jede Art der beruflichen Tätigkeit benötigt.

Zweitens steigen die Anforderungen an das Niveau der Beziehungsintelligenz. Für uns alle wird ein ständiges „Beziehungsintelligenz-Training" nötig.

Was erforderlich ist, wissen wir nun. Das folgende Kapitel beschreibt den ersten großen Schritt zum *Wie*, zur Realisierung.

III

Beherzigen Sie die zentralen Realisierungsregeln

Starten Sie sofort!

Die erste strategische Realisierungsregel lautet: Starten Sie sofort mit Ihren Aktivitäten für die Entwicklung Ihrer beruflichen und privaten Partner zu Ihren Freunden und Verbündeten.

Schaffen Sie gute Beziehungen, bevor Sie sie nötig haben

Die meisten Menschen machen einen elementaren Fehler. Sie glauben, ausreichend gute Kontakte zu besitzen, und bemühen sich nicht weiter darum, ihre Beziehungen zu ihren Partnern gezielt zu stärken und auszubauen. Sie übersehen die Notwendigkeit, so früh wie möglich mit der Schaffung der bestmöglichen Beziehungen zu beginnen.

Die meisten Menschen machen sich erst dann Gedanken über die Güte ihrer Beziehungen, wenn sie Probleme mit einem bestimmten Partner bekommen, wenn sie ein besonderes Anliegen an ihn haben oder wenn sie sein Wohlwollen und seine Hilfe benötigen.

Begehen Sie nicht denselben Fehler

Wenn Sie erst dann mit Ihren Bemühungen um einen Partner starten, wenn Sie es müssen, ist es zu spät. Es ist etwa so, als ob Sie damit beginnen, nach der Gebrauchsanweisung für Ihren Fallschirm zu suchen, nachdem Sie längst aus dem Flugzeug gesprungen sind.

Erstens haben Sie zu wenig Zeit, um auf ein ausreichendes Beziehungsniveau zu kommen. Eine enge persönliche Verbundenheit läßt sich nicht von heute auf morgen herstellen. Zweitens befinden Sie sich erkennbar in der Rolle eines Bittstellers. Ihr Partner gewinnt nicht ganz zu Unrecht den Eindruck, daß Ihr Verhalten rein taktische Gründe hat. Er nimmt Ihnen Ihre plötzlichen Aktivitäten nicht ab.

Drittens müssen Sie einen weit größeren Aufwand betreiben, als wenn Sie sich vorbeugend um die Pflege des entsprechenden Kontaktes gekümmert hätten. Sie müssen enorme Zeit und Kraft einsetzen, um ein Ergebnis zustande zu bringen, das Sie bei guten Beziehungen ohne große Anstrengungen hätten erreichen können.

Viertens wäre das Problem, um das es geht, möglicherweise gar nicht erst entstanden, wenn Sie von Anfang an für eine positive Einstellung Ihres beruflichen Partners zu Ihnen gesorgt hätten.

Ihr Verhalten in der Gegenwart bestimmt Ihre Erfolge in der Zukunft

Ihre Chancen in der Zukunft basieren auf dem, was Sie in der Gegenwart tun. Vernachlässigen Sie deshalb niemals die Entwicklung Ihrer Beziehungen, und denken Sie immer daran, welches Verhalten Sie sich von Ihren Partnern wünschen, wenn es einmal zu Schwierigkeiten kommt und wenn Sie eine konkrete Unterstützung benötigen.

GFT
Beziehungs-
intelligenz
Schaffen Sie gute
Beziehungen
bevor
Sie diese
nötig haben.
STEFAN F. GROSS - ERFOLGSFORMEL
© GFT München

Gehen Sie so konsequent wie möglich vor

Lassen Sie uns als nächstes durchdenken, welche Ursachen dafür verantwortlich sind, daß die meisten von uns noch deutlich von „Talent und Brillanz im Umgang mit Menschen“ entfernt sind. Lassen Sie uns gleichzeitig herausfinden, weshalb auch Persönlichkeiten mit einem hohen Potential an Beziehungsintelligenz oft weit unter ihren Möglichkeiten bleiben.

Der Ansatz für unsere Überlegungen in diesem Kapitel lautet: Nur wenn wir die zentralen Erfolgshindernisse kennen, können wir sie auch beseitigen!

Die meisten Menschen denken „eingleisig“

Viele Menschen glauben, daß allein Zahlen „hard facts“ sind, an denen man sich zuverlässig orientieren kann. Dagegen betrachten sie die Güte ihrer Kontakte als reine „soft facts“, als etwas „Unscharfes“, dessen Erfolgsbeitrag sich nur ungenau bewerten läßt.

Viele handeln deshalb einseitig professionell. Sie achten zu Recht auf die Qualität ihrer fachlichen Leistungen, aber sie mißachten zu Unrecht die Bedeutung ihrer Beziehungsintelligenz für ihren Erfolg. Sie legen zu geringes Augenmerk auf ihr Verhalten gegenüber anderen Menschen und auf ihr Können bei der persönlichen Kommunikation und Zusammenarbeit.

Sie betreiben die Pflege und Weiterentwicklung ihrer Beziehungen deshalb nur halbherzig und ohne ernsthafte Anstrengungen. Sie sind nicht darauf vorbereitet und nicht dafür organisiert, die bestmögliche Form von Beziehungen zu schaffen, und lassen die Maßnahmen der Beziehungsentwicklung im Tagesgeschäft untergehen.

Aus Sicht beispielsweise eines Kunden verhält es sich jedoch genau andersherum. Für ihn ist das Verhalten seines Geschäftspartners sehr wohl eine konkrete Tatsache, ein „hard fact“. Der wirkliche Wert fachlicher Leistungen ist für ihn häufig schwer zu durchschauen. Die Güte der Zusammenarbeit und die Art und Weise, wie er im persönlichen Kontakt behandelt wird, kann er aber auf Anhieb erkennen. Auf diesen Gebieten besitzt er eine enorme Wahrnehmungsfähigkeit und ein ausgeprägtes Urteilsvermögen.

Vieles verkommt zur Routine

Es gibt einen zweiten Grund für mangelnde Professionalität: Routine und Gedankenlosigkeit. Viele Menschen verfügen über ein bestimmtes Routinerepertoire an Maßnahmen, Verhaltensweisen und Formulierungen, die sie automatisch und ohne zusätzliche Überlegungen in der beruflichen Zusammenarbeit und bei privaten Kontakten einsetzen.

Sie haben sich so sehr an ihr eigenes Verhalten gewöhnt, daß sie es nicht mehr überprüfen, nicht mehr durchdenken und nicht weiter verbessern. Es ist ihnen die Wahrnehmungsfähigkeit dafür verlorengegangen, welche Entwicklungsmöglichkeiten noch existieren. Solange ihnen ihr Verhalten nicht gerade schadet, geben sie sich mit ihm zufrieden.

Das dritte Erfolgshemmnis ist der Glaube an den Zufall

Beziehungsintelligenz zeigt sich besonders in der persönlichen Kommunikation und Zusammenarbeit. Viele Maßnahmen, mit denen „Besondere Beziehungen" geschaffen werden, laufen auf informeller Ebene ab.

Es gibt aber kaum eine so schwierige Aufgabe, wie das „Sichtbarmachen" informeller Abläufe. Es fällt den meisten Menschen deshalb schwer, die Erfolgsfaktoren der Beziehungspflege zu identifizieren. Es gelingt ihnen nicht, ihre eigenen Stärken zu erkennen und sie systematisch und zielgerichtet zu nutzen.

Sie leben dagegen mit dem Vorurteil, daß sich „Besondere Beziehungen" rein zufällig ergeben. Sie führen die Qualität ihrer Kontakte hauptsächlich darauf zurück, daß in einigen Fällen die „Wellenlänge" zu einem Partner stimmt, in anderen Fällen eben nicht.

Hierzu ein Beispiel:

Ein Vertriebsmitarbeiter eines medizintechnischen Unternehmens berichtet voller Begeisterung von einem erfolgreichen Gespräch mit einem seiner besten Kunden. Er erzählt, daß er ihn zwei Stunden durch das Werk des Unternehmens geführt hat. Dabei wurde eine Vielzahl beruflicher und privater Themen besprochen, nur nicht der Verkauf neuer Geräte. Am Ende habe der Arzt ihm dann von sich aus einen Großauftrag für eine neue Praxiseinrichtung gegeben, ohne lange über den Preis zu diskutieren.

Auf die Frage, weshalb er denn so vorzügliche Beziehungen zu diesem Partner besitze, antwortet der Verkäufer: „Keine Ahnung, bei manchen Kunden stimmt eben die ‚Chemie'."

Gegenseitige Sympathie hat aber immer gute Gründe.

Ganz sicher gibt es zwischen Menschen so etwas wie eine „gemeinsame Wellenlänge“, die den persönlichen Umgang massiv erleichtert. Fast immer entsteht sie aber nicht durch Zufall, sondern aufgrund konkreter Ursachen.

Denken Sie bitte einmal an sich selbst. Überlegen Sie, wie Sie sich gegenüber einem Partner verhalten, der fachlich Profi ist und der gleichzeitig mit Heiterkeit, Liebenswürdigkeit und Enthusiasmus auf Sie zukommt. Bei einem solchen Partner wird sich Ihre Stimmung schlagartig verbessern. Sie werden eine positive Einstellung zu ihm gewinnen und ihm zeigen, daß Sie gerne mit ihm zusammen sind und zusammenarbeiten.

Völlig anders ist die Lage, wenn Sie an einen desinteressierten oder arroganten Partner geraten, der nur mit sich selbst und seinen Themen beschäftigt erscheint. Auch hier werden Sie Ihr Verhalten entsprechend anpassen, aber in negativer Richtung.

Im zweiten Fall gerät die Beziehung von Anfang an auf die falschen Schienen. Im ersten Fall entsteht dagegen eine Atmosphäre gegenseitiger Sympathie. Es wird die Basis für eine langfristige und enge Geschäftsbeziehung geschaffen.

Der ganze Vorgang hat also den Charakter einer sogenannten „self-fullfilling-prophecy“. Weil man sich selbst in einem bestimmten Fall von Anfang an richtig verhält, schaltet auch der Partner auf ein „angenehmes“ Verhalten um. Man fühlt sich bestätigt und verstärkt seine eigenen Bemühungen, was wiederum dazu führt …

Am Ende glaubt man, einen Partner vor sich zu haben, mit dem man sich „rein zufällig“ von der ersten Sekunde an prächtig verstanden hat.

Lassen Sie sich nicht bremsen!

Sie werden immer wieder Menschen begegnen, die Ihnen erklären, daß Beziehungsintelligenz keinen Nutzen bringt und daß besondere Bemühungen um Kunden oder Partner letztlich wertlos sind. Lassen Sie sich von Bremsern dieser Art nicht beirren und nicht für dumm verkaufen.

Der erste Bremsspruch lautet: „Beziehungspflege bringt nichts"

Ein Satz dieses Kalibers ist ein Armutszeugnis und ein reiner Alibispruch. Er kommt den Personen über die Lippen, die sich selbst noch nie um andere Menschen bemüht haben und denen jedes Empfinden für die Besonderheiten und positiven Eigenschaften eines Partners fehlt.

Er wird von den Personen geäußert, die letztlich keine anderen Menschen mögen und denen es völlig absurd erscheint, sich in der Zusammenarbeit auf liebenswürdige und angenehme Weise zu verhalten.

Hierzu ein kurzes, aber klares Beispiel:

In der Pause eines großen Kongresses unterhalten sich Vertriebsmitarbeiter verschiedener Firmen über die Bedeutung von Manieren für die Bindung von Kunden.

Ein Diskussionsteilnehmer unterbricht seine Kollegen mit folgenden Worten:

„Also, aus meiner Sicht bringen Freundlichkeit und Höflichkeit gegenüber Kunden nichts. Meine Kunden sind sowieso die schlimmsten. Es kommt immer mal wieder vor, daß ich einen von ihnen am Telefon anschreien muß, weil ich mich über ihn ärgere. Aber am nächsten Tag entschuldige ich mich dann natürlich bei ihm."

Das Beispiel zeigt: Wer besondere Bemühungen für sinnlos hält, hat noch nie welche erbracht.

Je weniger Beziehungsintelligenz ein Mensch besitzt, desto mehr fürchtet er den Auftritt eines Beziehungs-Profis.

Es gibt eine weitere Ursache für den oben genannten Bremsspruch. Ein Mensch ohne Beziehungsintelligenz muß mit allen Mitteln verhindern, daß seine negative Einstellung zu beruflichen Partnern und seine Unzulänglichkeiten im Umgang miteinander von anderen erkannt werden.

Er tut deshalb alles, um Aktivitäten der Beziehungspflege zu diffamieren und zu unterbinden. Er möchte auf keinen Fall erleben, daß ein Kollege oder Mitarbeiter mit seinen Erfolgen beweist, daß Beziehungsintelligenz doch den Ausschlag gibt.

Er befürchtet, daß dann alle Argumente entkräftet werden, mit denen er sein Negativ-Verhalten bisher rechtfertigen konnte. Er fürchtet, daß innerhalb seiner Organisation ein Umgangsstil etabliert wird, bei dem er mit seinem Auftreten auf keinen grünen Zweig mehr kommt.

Oft fehlt das strategische Denkvermögen.

Vielen Menschen fehlt die langfristige Sicht der Dinge. Sie konzentrieren sich allein auf die Ergebnisse am nächsten Tag und überlegen nicht, wie sie ein höheres Niveau der Erfolgsfähigkeit insgesamt erreichen und wie sie sich ihre Tätigkeit dauerhaft erleichtern können.

Menschen mit einer rein kurzfristigen Denkweise übersehen zwangsläufig den Nutzen, der sich aus der Schaffung „Besonderer Beziehungen" für sie ergeben würde.

So kommen sie beispielsweise nie auf die Idee, daß sich eine Investition in eine Beziehungspflege-Maßnahme mehr auszahlen könnte als ein finanzielles Zugeständnis in einer aktuellen Verhandlung. Sie erkennen nicht, daß sie im zweiten Fall zwar leichter an den Auftrag kommen, im ersten Fall aber den Grundstein dafür legen würden, bei allen zukünftigen Projekten weit weniger Preiszugeständnisse machen zu müssen.

Beziehungsintelligenz bezieht sich deshalb nicht allein auf die Zusammenarbeit und die Kommunikation mit Partnern. Sie beinhaltet auch die Fähigkeit, strategisch zu denken und zu handeln.

Es gibt eine zweite große Bremser-Floskel: „Es funktioniert nicht bei jedem"

Verzweifeln Sie nicht, wenn Sie diesen Text zu hören bekommen. Es ist eine Formulierung, die fast klassischen Charakter hat und die immer dann gebracht wird, wenn Arbeiten vermieden, Veränderungen verhindert und persönliches Engagement umgangen werden sollen.

Es gibt keine Aktivität, keine Weltformel, die „bei jedem" und „in allen Fällen" funktioniert. Einen derartigen Anspruch zu erheben ist völlig unsinnig und im besten Fall ein Zeichen von Naivität.

Lassen Sie sich deshalb auch hier nicht beirren und Ihre Aktivitäten für die Gewinnung von Freunden und Verbündeten ausreden. Lassen Sie sich nicht von der Strategie abhalten, die von allen Konzeptionen die höchste Erfolgsquote besitzt. Grübeln Sie nicht, wer die eine Person sein könnte, bei der Beziehungsintelligenz ausnahmsweise einmal weniger Nutzen bringt, sondern führen Sie sich die große Mehrheit Ihrer Partner vor Augen, die Sie mit Beziehungsintelligenz begeistern, beeindrucken und gewinnen.

Der dritte Bremsspruch lautet: „Bei uns zählt nur der Preis"

Zweifelsohne gibt es Branchen, in denen der Preis das entscheidende Sachargument ist. So paradox es aber klingen mag: Je größer der Preiskampf in einer Branche ist, desto wichtiger wird es, über die Machtmöglichkeiten und die Bedeutung von Beziehungsintelligenz nachzudenken.

Beziehungsintelligenz ist das „Zünglein an der Waage".

Erstens führen erbitterte Preiskämpfe in der Regel dazu, daß am Ende wieder eine Pattsituation herrscht. Alle Anbieter bieten fast identische Konditionen. Für wen sich Ihr Kunde dann entscheidet, hängt allein von der Qualität Ihrer Beziehungen zu ihm ab.

Zweitens verhindert eine hohe Beziehungsqualität in vielen Fällen, daß Sie die allgemeinen Preissenkungen in voller Höhe mitmachen müssen. Wenn Sie Ihrem Kunden doch preislich entgegenkommen müssen, dann aber nicht in dem Maße wie Ihre Mitbewerber.

Darüber hinaus liefern Ihnen „Besondere Beziehungen" einen größeren Verhandlungsspielraum.

Ein Kunde, dessen Wertschätzung und Wohlwollen Sie besitzen, verhält sich Ihnen gegenüber auch in Preisgesprächen fair. Er geht nicht mit aller Härte vor und benutzt die Gespräche nicht zur Demonstration seiner Verhandlungsmacht.

Für ihn zählt nicht allein der Preis, sondern auch sein persönlicher Kontakt zu Ihnen. Er sieht, welche Gesamtvorteile ihm die Zusammenarbeit mit Ihnen bietet. Er gibt Ihnen die Chance, ihn mit zusätzlichen Argumenten zu überzeugen, beispielsweise mit der Qualität Ihrer Produkte oder Ihres Service.

Er verzichtet auf die sonst übliche Pauschalbehauptung „Sie sind zu teuer" und sagt Ihnen offen, welche seiner Forderungen für ihn entscheidend sind. Er versucht, gemeinsam mit Ihnen ein Ergebnis zu erzielen, mit dem auch Sie leben können.

Berauben Sie sich deshalb nicht selbst Ihrer Möglichkeiten.

Das folgende Praxisbeispiel zeigt, wie leicht man besonders in einer Branche mit vielen Preiskämpfen vergißt, wie wertvoll Beziehungsintelligenz ist und welche Erfolgsmöglichkeiten sie bietet.

Eine regionale Niederlassung eines großen Industrieunternehmens hat seine besten Kunden und deren Ehepartner zu einer festlichen Abendveranstaltung eingeladen. Kurz vor Beginn unterhält sich der Geschäftsführer des Unternehmens mit dem Festredner und erklärt ihm ausführlich, weshalb in der betreffenden Branche allein der Preis zählt: „Unsere Kunden achten nur auf den Preis, alles andere ist ihnen egal."

Während die beiden miteinander sprechen, beobachten sie die eintreffenden Gäste und das Verhalten der Verkäufer des Unternehmens. Fünf von sechs Verkäufern stehen fröhlich und gelassen an der Bar des Raumes und sind mit sich selbst beschäftigt.

Der sechste Verkäufer tritt anders auf als seine Kollegen. Er ist von allen am elegantesten gekleidet. Er steht nicht an der Bar, sondern an der Eingangstür. Dort empfängt er seine Kunden mit ausgebreiteten Armen und strahlendem Lächeln. Er geht voller Vitalität auf sie zu und spricht sie mit ihrem Namen an. Er sagt ihnen, wie sehr er sich freut, daß sie gekommen sind, und begleitet sie persönlich zu ihrem Platz. Anschließend verabschiedet er sich von ihnen „bis zur Pause" und kehrt zum Eingang zurück, um auf die nächsten Kunden zu warten.

Der Geschäftsführer beginnt zu lächeln und deutet auf seinen Vertriebsmitarbeiter: „Das ist übrigens Herr Müller, er ist mit großem Abstand unser erfolgreichster Verkäufer." Anschließend verwandelt sich sein Lächeln in ein Lachen: „Na, vielleicht zählt bei uns doch nicht nur der Preis..."

Der gefährlichste Bremsspruch kommt zum Schluß: „Das machen wir längst"

Bei einer Aussage dieser Art ist besondere Vorsicht geboten. Es gibt kaum ein Gebiet, auf dem ein so großer Unterschied zwischen Behauptung und Leistung besteht, wie auf dem Feld der Beziehungsintelligenz.

Viele lassen sich von Teilerfolgen täuschen.

Die Bedeutung „Besonderer Beziehungen" ist auf Anhieb verständlich. Gleichzeitig hat fast jeder von uns berufliche Partner, mit denen er gut auskommt und ordentlich zusammenarbeitet. Die meisten Menschen begehen daher zwei zentrale Denkfehler.

Erstens: Sie verwechseln „Verstehen" mit „Können". Sie glauben, Experten für die Pflege persönlicher Beziehungen zu sein, nur weil sie begreifen, wie wichtig diese Aufgabe für ihren Erfolg ist.

Zweitens: Sie schließen vom Einzelfall auf die Gesamtlage. Sie sind überzeugt, ein ausreichend hohes Maß an Beziehungsintelligenz zu besitzen, nur weil sie von Zeit zu Zeit ein Erfolgserlebnis haben. Sie sind sicher, daß sie sich in der Kommunikation und Kooperation automatisch richtig verhalten. Sie glauben, daß sie längst alles beherzigen, was erforderlich ist, um eine Vorzugsstellung zu gewinnen.

In Wahrheit erzielen sie höchstens Teilerfolge. Teilerfolge aber sind gefährlich. Sie rauben den Blick dafür, wieviel noch fehlt, um auf einem bestimmten Gebiet wirkliche Spitzenleistungen zu erbringen.

Die meisten Menschen überschätzen sich.

Sie verfügen über Einzelkenntnisse, nicht aber über ein umfassendes Know-how für den professionellen Umgang mit beruflichen und privaten Partnern.

Oft ist nur das *Was* bekannt, nicht aber das *Wie*. Die meisten erkennen beispielsweise irgendwann, daß es wichtig ist, anderen Menschen Anerkennung und Respekt zu liefern. Die wenigsten wissen aber im Detail, wie sie sich verhalten müssen, um diese Aufgabe überzeugend zu erfüllen. Ihnen fehlt ein Hauptbestandteil echter Beziehungsintelligenz – die Fähigkeit zur Umsetzung.

Der größte Mangel herrscht deshalb bei der Realisierung. Selbst wenn das entsprechende Wissen vorhanden ist, wird es nur selten konsequent eingesetzt. Es ist im Unterbewußtsein deponiert und taucht höchstens sporadisch an der Oberfläche auf. Es ist nicht präsent, nicht abrufbar, nicht nutzbar.

Bei vielen Menschen bleibt es deshalb bei der Theorie, wenn es um Beziehungsintelligenz geht. Denken Sie nur einmal daran, welche Erlebnisse Sie selbst schon hatten, wenn Sie als Kunde unterwegs waren oder wenn Sie bei bestimmten Geschäftspartnern versucht haben, eine professionelle Form der Zusammenarbeit zu etablieren.

Sehr wahrscheinlich sind Sie an viele Personen geraten, die sich für Weltmeister im Umgang mit Menschen halten, denen Sie aber noch nicht einmal den Amateurstatus zugestehen würden.

Ein wirklicher Profi sieht dagegen die ungenutzten Chancen.

Je mehr Beziehungsintelligenz ein Mensch besitzt, desto deutlicher erkennt er die Möglichkeiten, die noch vor ihm liegen. Er überlegt, welche Unterlassungen und Fehler er möglicherweise begeht und welche Gelegenheiten er noch nicht nutzt.

Er weiß, daß „Talent und Brillanz im Umgang mit Menschen“ ein anspruchsvolles Ziel ist, und hat den ausgeprägten Wunsch, das höchstmögliche Professionalitätsniveau zu erreichen.

Lassen Sie sich deshalb von den oben genannten Behauptungen nicht blenden. Beziehungsintelligenz ist eine Stärke, die ständig weiterentwickelt und kultiviert werden muß, genauso wie auch die besten Beziehungen immer wieder der Bestätigung und Erneuerung bedürfen.

Behalten Sie Ihre „guten" Partner im Auge

Es gibt eine weitere strategische Grundregel, die entscheidend für „Talent und Brillanz im Umgang mit Menschen" ist. Lassen Sie sich nicht von den wenigen negativen Gestalten lähmen und demotivieren, denen Sie beruflich und privat von Zeit zu Zeit begegnen. Orientieren Sie sich an der großen Zahl Ihrer angenehmen und ordentlichen Kunden und Partner und nicht am Egoismus, an der Manierenlosigkeit und an der Dreistigkeit einzelner.

Machen Sie sich die Wirkung negativer Ausnahmen bewußt

Sie werden immer wieder an Partner geraten, in deren Adern Essig statt Blut zu fließen scheint. Es sind Personen, die hart und rücksichtslos auftreten, die nie ein freundliches oder fröhliches Wort finden und denen offensichtlich jeder Sinn für ein anständiges und gesittetes Verhalten fehlt. Es sind Menschen, die ständig etwas fordern, die Ihnen ausschließlich Ärger bereiten und zu denen Sie Ihr Verhältnis auch mit den größten Anstrengungen nicht verbessern können.

Partner dieser Art haben eine katastrophale Wirkung. Sie zerstören Ihnen Ihre Stimmung. Sie gleichen einem „schwarzen Loch", das alle positiven Gedanken an sich reißt und vernichtet. Sie rauben Ihnen den Blick für die vielen sympathischen Menschen, mit denen Sie beruflich und privat zu tun haben.

Denken Sie positiv und an den Nutzen der Beziehungsintelligenz

Lassen Sie sich durch die Existenz einiger übler Zeitgenossen nicht demotivieren. Meist sind es nur wenige, die sich auf die geschilderte Weise verhalten. Wir alle richten unsere Gedanken aber automatisch auf Probleme und Negativbeispiele. Eine unangenehme Begegnung, eine unerträgliche Person kann bereits ausreichen, um für den Rest des Tages jede Freude am Zusammensein und an der Zusammenarbeit mit anderen Menschen zu vernichten.

Befreien Sie sich von dieser Umklammerung. Es wäre einer der größten Fehler überhaupt, die eigene Einstellung zu Menschen und sein eigenes Verhalten an den wenigen negativen Ausnahmen auszurichten, die es immer geben wird. *Hierzu ein kleines Beispiel:* Eine erfolgreiche deutsche Schauspielerin ist für ihre Höflichkeit und Freundlichkeit bekannt. Als sie einmal gefragt wurde, wie sie sich gegenüber manierenlosen Menschen verhält, hat sie geantwortet: „Wenn ich freundlich bin und mein Gegenüber ist unfreundlich, so ist das sein Problem. Ich werde mich jedenfalls nicht ändern.“

Stellen Sie deshalb niemals die Prinzipien der Beziehungsintelligenz in Frage, nur weil Sie in Einzelfällen nur noch den Kopf schütteln können, wenn Sie das Verhalten Ihres Gegenübers betrachten.

Behalten Sie statt dessen immer Ihre vielen „guten“ Partner im Auge. Denken Sie immer an die Bedeutung der Beziehungsintelligenz für Ihren Erfolg und Ihre Lebensqualität, und lassen Sie sich niemals den enthusiastischen, fröhlichen und gewinnenden Umgang mit diesen Partnern verderben.

Heben Sie die Gewinnung von Freunden und Verbündeten auf die „Systemebene"

Lassen Sie uns unsere Gedanken zusammenfassen. Ihr Leben ist ein Beziehungsleben. Die Qualität Ihrer Beziehungen ist der entscheidende Faktor und bestimmt Ihren Erfolg und Ihre Lebensqualität, beruflich und privat.

Die wichtigste Fähigkeit ist deshalb Beziehungsintelligenz – „Talent und Brillanz im Umgang mit Menschen". Es ist die Befähigung, andere Menschen zu begeistern, zu gewinnen und im positiven Sinne zu bewegen und damit ihre Wertschätzung, ihr Wohlwollen und ihre aktive Unterstützung zu erhalten.

Die Schaffung „Besonderer Beziehungen" ist aber nicht allein eine der bedeutendsten Aufgaben, sondern auch eine der anspruchsvollsten. Sie läßt sich nicht nebenbei und ohne grundlegende Konzeption erfüllen. Über die „Strategie" der Beziehungsintelligenz haben wir ausführlich gesprochen, genauso wie über die zentralen Realisierungsregeln „vor der Klammer".

Was Sie nun benötigen, ist ein eigenständiges „Beziehungsintelligenz-Erfolgssystem", das Ihnen die Grundsätze und die Programme liefert, mit denen es Ihnen gelingt, Ihre beruflichen und privaten Partner zu Ihren Freunden und Verbündeten zu entwickeln.

Genau dieses System liefern Ihnen die folgenden Kapitel. Sie beschreiben im Detail, welche „Dimensionen" Beziehungsintelligenz hat und in welchen „Handlungsfeldern" sie sich manifestiert.

Sie beschreiben, wie Sie zu einem Profi in der persönlichen Kommunikation und Zusammenarbeit werden und zu einer beeindruckenden Persönlichkeit im Umgang mit anderen Menschen.

Sie zeigen Ihnen, mit welchem Verhalten und mit welchen Maßnahmen Sie ein Höchstmaß an Beziehungsintelligenz erreichen und beweisen!

IV

Behandeln Sie Ihren Partner als „besondere Persönlichkeit“:

Liefern Sie ihm Wertschätzung

Der am meisten geschätzte Wert ist die Wertschätzung

Beziehungsintelligenz zeigt sich in einer Vielzahl von Ausdrucksformen. Lassen Sie uns mit der „Dimension“ von Beziehungsintelligenz beginnen, die überragende Bedeutung für die Qualität Ihrer Beziehungen hat und die gleichzeitig die Basis für alle Maßnahmen und Aktivitäten bildet, mit denen es Ihnen gelingt, die bestmögliche Form von Beziehungen zu schaffen.

Die erste strategische Erfolgsformel für die Gewinnung von Freunden und Verbündeten lautet: Liefern Sie Wertschätzung

Betrachten und behandeln Sie Ihren beruflichen oder privaten Partner als unverwechselbare, bereichernde und bemerkenswerte Persönlichkeit. Demonstrieren Sie ihm, daß Sie ihm als Menschen besondere Bedeutung beimessen und daß Sie der Zusammenarbeit mit ihm ein besonderes Gewicht verleihen. Zeigen Sie ihm, daß er im Mittelpunkt Ihrer Gedanken und Handlungen steht.

Wertschätzung ist das Lebenselexier „Besonderer Beziehungen“

Jeder berufliche oder private Partner von Ihnen hat einen elementaren Wunsch. Er möchte die Achtung, den Respekt und die Zuneigung der Menschen erhalten, mit denen er zusammenkommt und zusammenarbeitet.

Aus seiner eigenen Sicht und für sich selbst ist er die wichtigste Person überhaupt. Er möchte, daß sein Gegenüber dies erkennt und im Verhalten berücksichtigt.

Er will die Gewißheit, daß seine speziellen Eigenarten und Wesenszüge akzeptiert und geachtet werden. Er will als Mensch und eigenständige Persönlichkeit geschätzt werden und nicht nur aufgrund seiner Funktion als Kunde oder „Wirtschaftsfaktor". Er möchte eine exklusive, auf ihn persönlich zugeschnittene Form der Zusammenarbeit und keine Standard- oder Durchschnittsbehandlung.

Er möchte insbesondere das Gefühl haben, gemocht zu werden. Er wünscht sich die Bestätigung, daß er sympathisch wirkt und daß es anderen Menschen Freude macht, mit ihm zusammenzusein.

Die Wirkung von Wertschätzung auf Ihren Partner ist enorm

Er schätzt nichts mehr als Wertschätzung. Sie bezieht sich direkt und ausschließlich auf ihn persönlich, völlig unabhängig von seiner Zugehörigkeit zu einem bestimmten Unternehmen, von seiner Position oder von seinen beruflichen Leistungen.

Die Achtung, der Respekt und die Zuneigung, die er empfängt, haben keine kosmetische Wirkung, sondern berühren sein Innerstes. Sie stärken sein Selbstwertgefühl, sein Selbstbewußtsein und seine Selbstsicherheit.

Gleichzeitig kann er das Maß der ihm entgegengebrachten Wertschätzung exakt beurteilen. Er verfügt über eine Vielzahl von Sensoren, mit denen er wie ein Präzisions-Seismograph bereits kleinste Unterschiede und Schwankungen im Wertschätzungsniveau registrieren kann.

Wertschätzung ist deshalb für ihn auch ein Indikator. Sie verrät ihm, was Sie wirklich über ihn denken und von ihm halten. Echte Wertschätzung beweist ihm, daß auch Ihr Engagement ihm gegenüber „echt“ ist und auf einer positiven Einstellung zu ihm beruht. Sie ist für ihn das Zeichen, daß Sie sich mit ihm auf einer „Wellenlänge“ befinden.

Wertschätzung bewirkt persönliche Verbundenheit

Mit Wertschätzung liefern Sie Ihrem Partner den größtmöglichen persönlichen Nutzen. Sie verleihen der Kommunikation und Zusammenarbeit einen neuen Charakter und eine neue Qualität.

Für Sie selbst hat die von Ihnen geschenkte Wertschätzung deshalb eine entscheidende Wirkung: Sie läßt eine enge persönliche Verbundenheit Ihres Partners zu Ihnen entstehen und bewirkt, daß Ihr Partner ein tiefreichendes Zusammengehörigkeitsgefühl mit Ihnen empfindet.

Mangelnde Wertschätzung hat dagegen eine zerstörerische Wirkung

Sie demonstriert Ihrem Partner, daß Sie sich ihm gegenüber nur aus reiner Berechnung in einer bestimmten Weise verhalten und daß Ihre Freundlichkeit und Höflichkeit letztlich „aufgesetzt“ sind. Fehlende Wertschätzung verdirbt ihm nicht nur die Zusammenarbeit mit Ihnen. Sie raubt ihm darüber hinaus seine Freude an den sachlichen Leistungen, die er von Ihnen erhält.

Das folgende Beispiel zeigt, wie sich mangelnde Wertschätzung äußert und welchen vernichtenden Eindruck sie bei den Betroffenen hinterläßt. Ein Unternehmer erfüllt sich einen lange gehegten Wunsch und bestellt ein Automobil eines exklusiven Herstellers. Nach vielen Monaten Lieferzeit erhält er vom Verkäufer einen Anruf und hört, daß sein Fahrzeug nun zur Abholung bereit steht. Sofort vereinbart er einen Übergabetermin.

Als er einen Tag später mit seiner Frau den Showroom des Autohauses betritt, ist er voller Freude. Er hat seit Monaten auf diesen Moment gewartet. Für ihn ist das Ganze ein wundervolles und aufregendes Ereignis.

Wer nicht pünktlich zum vereinbarten Termin auftaucht, ist der Verkäufer. Er erscheint fröhlich pfeifend zehn Minuten später am anderen Ende des Raumes. Obwohl er seinen Kunden sieht, geht er nicht auf ihn zu, sondern winkt nur kurz und verschwindet sofort wieder in einem Nebenraum. Als er nicht wieder auftaucht, nimmt der Kunde die Suche auf und entdeckt, daß der Verkäufer damit beschäftigt ist, seine Rückrufliste abzuarbeiten.

Schließlich wendet sich der Verkäufer dem Ehepaar zu: „Stimmt, Sie holen ja heute Ihr Auto ab. Warten Sie, ich suche gleich einmal alle Unterlagen zusammen." Der Kunde ist über die mangelnde Vorbereitung verblüfft.

Endlich kann die Übergabe stattfinden. Der Ort hierfür ist aber kein spezieller Raum oder wenigstens eine elegante „Nische", sondern der unaufgeräumte, mit Papieren, Schreibutensilien und den Spuren intensiven Rauchens übersäte Schreibtisch des Verkäufers mitten im Showroom.

Die Hoffnung des Kunden auf eine „persönliche“ und „zeremonielle“ Übergabe erfüllt sich ebenfalls nicht. Der Verkäufer verhält sich so, als würde er eine unwichtige Routinearbeit erfüllen. Er tut nichts, um ein ungestörtes, dem Anlaß gebührendes Gespräch zu führen. Alle paar Minuten klingelt sein Telefon, und er reißt enthusiastisch den Hörer hoch. Das Ehepaar kann ein telefonisches Verkaufsgespräch nach dem anderen mitverfolgen.

Inzwischen beginnt die Freude des Kunden am Ereignis zu verfliegen. Er sieht nur noch, wie wenig Zuwendung seiner Frau und ihm geschenkt wird. Hätte er in einem Second-Hand-Laden nach den billigsten Jeans gefragt, er wäre nicht schlechter behandelt worden.

Als die Übergabe fast abgeschlossen ist, kommt wieder ein Anruf. Während dieses Telefonates entdeckt der Verkäufer aber plötzlich eine Gestalt, die er offensichtlich kennt. Die Person befindet sich nur wenige Meter entfernt, hinter einer Glaswand, die den Showroom von einem weiteren Verkaufsraum trennt. Der Verkäufer nimmt den Hörer vom Ohr, hält die Sprechmuschel zu und läßt den Anrufer ins Leere reden. Gleichzeitig versucht er, mit der freien Hand die Aufmerksamkeit seines Bekannten zu gewinnen.

Zuerst winkt er. Dann schnippt er mit den Fingern. Er schnippt immer lauter, alles ohne Erfolg. Schließlich greift er sich einen der vielen Kugelschreiber auf seinem Tisch. Er holt aus und pfeffert den Stift, vorbei an den Köpfen des Ehepaares, krachend gegen die Glasscheibe.

Endlich blickt sein Bekannter auf. Der Verkäufer springt aus seinem Stuhl und schreit ihm voller Fröhlichkeit seine Botschaft zu: „Du, ich habe Freikarten für das Rennen am Norisring.“ Das Ehepaar glaubt sich in einer Zirkusvorstellung.

Hätte der Unternehmer den Wagen noch abbestellen können, er hätte es in diesem Augenblick getan.

Der Bedarf an Wertschätzung steigt

Erinnern Sie sich an unsere Überlegungen zum Thema Tendenzen, die die Bedeutung von Beziehungsintelligenz verstärken. Die dort genannten Entwicklungen haben eine weitere Konsequenz: Da der Wettbewerbsdruck und der Einsatz technischer Kommunikationsmittel steigen, steigt auch die Gefahr, daß der persönliche Umgang miteinander leidet und die Lieferung von Wertschätzung untergeht.

Denken Sie zum Beispiel an den Einsatz von Telefoncomputern, die anstelle von Menschen Anrufe entgegennehmen. Systeme dieser Art mögen Zeit sparen und Kosten verringern, sie verringern aber auch die Möglichkeiten eines persönlichen Kontaktes und die Gelegenheiten zu einem liebenswürdigen, individuellen Gespräch.

Je größer die Tendenz zur Automatisierung, zur Standardisierung und zur Konzentration wird, je mehr Branchen sich in Richtung „Massengeschäft“ entwickeln, desto mehr sehnen sich die Menschen nach einer persönlichen Beziehung. Als in England immer mehr kleine, ländliche Postämter geschlossen wurden, ging ein Protestschrei durch das Land. Geklagt wurde aber keineswegs über eine „postalische“ Unterversorgung, sondern darüber, daß viele Menschen in Zukunft keinen Schalterbeamten mehr als Ansprechpartner haben werden, mit dem sie über ihre Gedanken und persönlichen Themen sprechen können.

Mit Wertschätzung verhält es sich wie mit allen anderen „Werten“: Je knapper sie wird, desto größer wird ihre Bedeutung und desto mehr Erfolg hat derjenige, der sie noch zu liefern imstande ist.

Wertschätzung ist die Basis der Beziehungsintelligenz

Bitte erinnern Sie sich, was Beziehungsintelligenz im Kern bedeutet. Es ist die Fähigkeit, die Persönlichkeit und Eigenarten eines Partners zu erfassen und in besonderer Weise auf ihn und seine Interessen einzugehen. Es ist die Befähigung, sein Selbstwertgefühl und Selbstbewußtsein zu stärken und ihm ein Höchstmaß an persönlicher Zufriedenheit zu schenken. Je mehr Sie darauf achten, Wertschätzung zu liefern, desto stärker entwickeln Sie diese Fähigkeiten.

Sie gewinnen eine positive Einstellung zu Ihren Kunden und Partnern.

Achtung, Respekt und Zuneigung können Sie einem anderen Menschen nur dann entgegenbringen, wenn Sie auf seine Gedanken und Gefühle eingehen und wenn Sie ihn als Person ernst und wichtig nehmen. Das Liefern von Wertschätzung erfordert, daß Sie intensiv über ihn nachdenken und daß Sie sich eingehend mit seiner Persönlichkeit und seiner speziellen Situation beschäftigen.

Je mehr Wertschätzung Sie anderen liefern, desto mehr fördern Sie Ihre Fähigkeit, positiv zu denken. Sie entwickeln Ihre Sehfähigkeit für das, was einen Partner auszeichnet und was ihn von anderen abhebt. Sie beginnen automatisch zu überlegen, was Sie besonders an ihm schätzen und welche seiner positiven Eigenarten Sie möglicherweise bisher zu wenig beachtet haben.

Sie motivieren sich selbst. Sie entgehen der Gefahr, hauptsächlich die zu sehen und sich auf die zu konzentrieren, deren Verhalten Ihnen das Leben schwer macht und die Ihnen möglicherweise die Freude an Ihrem Beruf rauben. Sie konditionieren sich für eine kraftvolle und enthusiastische Kommunikation und Kooperation mit Ihren beruflichen und privaten Partnern insgesamt.

Bei Wertschätzung gibt es am meisten zu gewinnen und am meisten zu verlieren.

Wertschätzung ist für Ihren Partner das Wichtigste überhaupt. Es gibt keinen anderen Bereich, in dem er so aufmerksam und anspruchsvoll ist. Es gibt kaum ein anderes Gebiet, bei dem so viele Möglichkeiten existieren, ihn zu erfreuen und zu gewinnen.

Das Problem ist aber, daß Mängel hier ebenfalls überdurchschnittlich stark wirken. Da sie sich unmittelbar auf ihn persönlich beziehen, werden Versäumnisse bei der Lieferung von Wertschätzung von einem Partner besonders schmerzhaft wahrgenommen und lösen eine entsprechend negative Reaktion aus. Niemand ist bereit, über ein Verhalten hinwegzusehen, das seine Persönlichkeit und sein Selbstwertgefühl verletzt. Fehler dieser Art werden nicht toleriert.

Wertschätzung erfordert deshalb besonderes Können.

Die Lieferung von Wertschätzung ist eine Daueraufgabe. Sie erfolgt nicht in Form einer großen Ausnahmeaktion, sondern basiert auf Ihrem Verhalten im normalen, täglichen Umgang mit Ihren beruflichen und privaten Partnern. Sie ergibt sich durch ein regelrechtes Maßnahmen-Mosaik und äußert sich sehr oft auch auf indirekte Weise.

Lassen Sie uns deshalb in den folgenden Kapiteln sehen, mit welchem Verhalten Sie Ihren Partnern ein Höchstmaß an Wertschätzung liefern können und worauf Sie achten müssen, um eine stabile Basis für „Besondere Beziehungen“ zu schaffen.

Respektieren Sie die Individualität Ihres Partners

Jeder Kunde oder Partner von Ihnen weiß, daß Sie mit einer Vielzahl von Personen zusammenarbeiten und daß außer ihm noch andere für Sie wichtig sind. Gerade deshalb möchte er aber, daß Sie ihn als eigenständige, bemerkenswerte Persönlichkeit sehen und nicht als „einen von vielen". Er will den Eindruck, daß Ihr Verhältnis zu ihm eine „individuelle" Beschaffenheit und einen außergewöhnlichen Charakter hat.

Ein Beispiel verdeutlicht das Prinzip: Jeder Hotelgast akzeptiert klaglos, daß sein Zimmer auch an andere Menschen vermietet wird. Niemand möchte aber nach einem zweiwöchigen Urlaubsaufenthalt in einer exklusiven Ferienanlage erleben, wie neu angekommene Gäste „sein" Zimmer in Besitz nehmen, während er, wenige Meter davon entfernt, in der Hotelhalle auf den Transfer zum Flughafen wartet. Niemand möchte, daß ihm das subjektive Gefühl der Einzigartigkeit geraubt wird.

Die erste Realisierungsregel für die Lieferung von Wertschätzung lautet deshalb: Betrachten und behandeln Sie Ihren Kunden oder Partner als Einzelwesen und nicht als Teil einer Menge. Respektieren Sie seine Individualität.

Konditionieren Sie sich für einen persönlichen Umgang miteinander

Hetzen Sie nicht von Kontakt zu Kontakt. Springen Sie nicht übergangslos von einer Verhandlung in die nächste. Telefonie-

Respektieren Sie die Individualität Ihres Partners

Betrachten Sie ihn als Einzelwesen

und nicht als Teil einer Menge.

Behandeln Sie ihn als <u>unverwechselbare</u>, <u>besondere</u> und <u>bereichernde</u> Persönlichkeit.

STEFAN F. GROSS - ERFOLGSFORMEL

ren Sie nicht ohne Unterbrechung mit einem Partner nach dem anderen. Gönnen Sie sich und Ihrem Gehirn eine Atempause. Nehmen Sie sich vor einem Gespräch oder zu Beginn einer Begegnung die Zeit, sich auf Ihren aktuellen Partner einzustellen. Verinnerlichen Sie, mit wem Sie es im Augenblick zu tun haben. Überlegen Sie, welche aktuellen Informationen Sie über ihn besitzen, worüber Sie zuletzt mit ihm gesprochen haben und welche Themen damals für ihn besonders wichtig waren.

Denken Sie immer daran, daß ein und dasselbe Gesprächsthema für Sie und Ihren Partner völlig unterschiedliche Bedeutung haben kann. Aus Ihrer Sicht ist es möglicherweise ein Standardthema, das Sie täglich mit einer Vielzahl von Personen besprechen. Für Ihren Partner kann es aber ein völlig neues Themenfeld sein, mit dem er sich zum ersten Mal intensiv beschäftigt. Er ist angespannt und konzentriert, und Sie können Ihre Langeweile kaum noch unterdrücken.

Lassen Sie deshalb Ihre Achtung für den einzelnen nicht in der Routine und im Arbeitsdruck untergehen. Verhalten Sie sich in jedem Gespräch so, als wäre es auch für Sie das wichtigste des Tages.

Tolerieren Sie die Eigenarten eines Partners

Erheben Sie nicht den Anspruch, daß sich alle Menschen so verhalten sollen, wie Sie es erwarten oder von den meisten gewohnt sind.

Starren Sie den anderen nicht fassungslos an, wenn er einen außergewöhnlichen Gedanken oder einen Sonderwunsch äußert. Schütteln Sie nicht resignierend den Kopf, wenn er nicht auf Anhieb Ihre Sicht der Dinge teilt oder bei der Bewertung bestimmter Sachverhalte ein abweichendes Urteil fällt.

Vermeiden Sie Antworten wie „Das hat mich bisher noch keiner gefragt“ oder „So etwas habe ich ja noch nie gehört“. Mit Texten dieser Art teilen Sie ihm mit, daß er aus Ihrer Sicht Exotenstatus besitzt und daß er sich besser einer nervenärztlichen Untersuchung unterziehen sollte, bevor er Sie mit weiteren Fragen und Forderungen belästigt.

Verknüpfen Sie ihn nicht mit Dritten, die er nicht kennt und die ihn nicht interessieren

Demonstrieren Sie ihm nicht ohne zwingenden Grund, daß er nicht der einzige ist, der für Sie zählt. Berichten Sie ihm nicht in epischer Breite von Ihren Projekten mit anderen Partnern. Erklären Sie ihm nicht zu Beginn eines Treffens, daß Sie gerade aus einer wichtigen Verhandlung kommen, daß Sie eben noch ein entscheidendes Telefonat geführt haben oder daß Sie zeitlich unter Druck sind, weil Sie sich in der Endphase einer lebenswichtigen Kooperation befinden.

Vergleichen Sie ihn niemals mit Dritten, auch dann nicht, wenn Sie ihm damit ein Kompliment machen wollen. Jeder Vergleich zeigt ihm, daß Sie ihn nicht als eigenständige Persönlichkeit akzeptieren, sondern daß Sie ihn und sein Verhalten an Ihren anderen Partnern messen.

Heben Sie ihn mit Ihren Worten aus der Menge hervor

Ihre Sprache zeigt Ihrem Partner Ihre Einstellung. Es gibt Texte, mit denen Sie ihn in die Menge zurückstoßen, und es gibt Formulierungen, mit denen Sie beweisen, daß Sie ihn als besondere Persönlichkeit respektieren.

Eine positive Bemerkung, ein „gewinnender" Satz können ausreichen, um Ihrem Partner das angenehme Gefühl einer individuellen Zusammenarbeit zu geben. Beispielsweise zeigt ihm eine herzliche Begrüßung wie „Ich freue mich wirklich, Sie wiederzusehen", daß das Treffen für Sie ein besonderes Ereignis ist und kein „business as usual".

Versuchen Sie deshalb, so viele personenbezogene Aussagen wie möglich in ein Gespräch einfließen zu lassen. Erwähnen Sie bei passender Gelegenheit die Vorlieben Ihres Partners. Knüpfen Sie an seine Gedanken aus dem letzten Treffen mit ihm an. Sprechen Sie über für ihn wichtige Ereignisse. Erkundigen Sie sich, wie sich die Angelegenheiten entwickelt haben, von denen er Ihnen bei Ihrer letzten Begegnung besonders ausführlich erzählt hatte.

Nutzen Sie jede Gelegenheit zur „Individualisierung", die sich Ihnen bietet

Selbst wenn Sie mit einer großen Zahl von Menschen zusammenkommen und zusammenarbeiten, ergeben sich immer wieder Gelegenheiten, auf den einzelnen einzugehen und ihn als besondere Persönlichkeit zu achten und zu behandeln. *Hierzu ein Beispiel aus den USA:*

Ein Kunde holt seine neue Limousine vom Autohändler ab. Während er seine Heimfahrt genießt, stellt er das Radio an, um es in Ruhe auszuprobieren. Er drückt die erste Stationstaste und hört, daß sein Lieblings-Popsender eingestellt ist. Er freut sich über den vorzüglichen Klang der Stereoanlage und drückt die zweite Stationstaste. Dort hört er seinen Lieblingssender für klassische Musik. Beim Druck auf die dritte Taste merkt er, daß dort der Nachrichtensender eingestellt ist, den er üblicherweise wählt. Er testet alle Stationstasten und stellt verblüfft fest, daß genau die Sender programmiert sind, die er besonders mag und die er auch in seinem alten Auto eingestellt hatte. Da er nicht an Wunder glaubt, wendet er und fährt zum Händler zurück.

Dieser gibt ihm die Erklärung: „Sie hatten doch heute Vormittag Ihr altes Auto in Zahlung gegeben. Der Techniker, der es entgegengenommen hat, ist auch für die Auslieferung unserer Neufahrzeuge verantwortlich. Er hat sich die eingestellten Sender notiert und das Radio in Ihrem neuen Fahrzeug entsprechend justiert. Die Idee hierzu hatte er übrigens selbst. Er hat sich vorgenommen, alle Kunden, mit denen er zu tun hat, auf persönliche Weise zu erfreuen.“

Achten Sie das Selbstverständnis Ihres Partners

Jeder berufliche oder private Partner von Ihnen sieht sich selbst auf spezielle Art und Weise. Er hat eine eigene und ganz konkrete Vorstellung davon, was er als Persönlichkeit darstellt, wie er in seinem Umfeld positioniert ist und was ihn von anderen Menschen unterscheidet.

Die zweite große Realisierungsregel für die Lieferung von Wertschätzung und für „Talent und Brillanz im Umgang mit Menschen" lautet daher: Achten Sie das Selbstverständnis Ihres Partners. Bestätigen Sie sein positives Selbstbild.

Überprüfen Sie Ihr Urteil

Verlassen Sie die Oberflächenebene, wenn Sie über einen Partner nachdenken und wenn Sie versuchen, ein Bild von ihm zu gewinnen. Vermeiden Sie jede Form des „Schubladendenkens". Fällen Sie nicht bereits nach wenigen Minuten des ersten Gespräches ein endgültiges Urteil. Bemühen Sie sich herauszufinden, was ihn auszeichnet und welche Facetten seine Persönlichkeit hat.

Geben Sie ihm bei jeder Begegnung die Gelegenheit, etwas über sich und seine Leistungen zu erzählen. Hören Sie ihm genau zu, wenn er persönliche Themen bespricht. Überdenken Sie, ob Ihre bisherige Meinung über ihn wirklich richtig ist.

Betrachten Sie ihn mit seinen Augen

Bleiben Sie aufmerksam. Behalten Sie bei Gesprächen mit Ihrem Partner die folgenden Fragen im Hinterkopf, und versuchen Sie, aus seinen Aussagen die entsprechenden Antworten abzuleiten. Die Fragen helfen Ihnen, die Sichtweise Ihres Partners einzunehmen und sein Selbstverständnis besser zu erfassen:

★ *Wie denkt er über sich?*

★ *Wie sieht er sich?*

★ *Wie will er von anderen Menschen gesehen werden?*

★ *Wie will er von anderen Menschen behandelt werden?*

Zeigen Sie ihm, daß Sie ein „treffendes Bild" von ihm haben

Geben Sie ihm mit Ihren Worten die Botschaft: „Ich weiß, wer Sie sind." Beweisen Sie ihm mit der Wahl Ihrer Themen und Formulierungen, daß Sie ihn mit seiner Persönlichkeit und mit seinem speziellen Leistungsvermögen genau so sehen, wie er von Außenstehenden eingeschätzt werden möchte.

Beschädigen Sie sein Selbstverständnis nicht

Das Selbstverständnis Ihres Partners bezieht sich nicht allein auf seine Person, sondern auch auf seine Ziele, seine Wünsche und seine Überzeugungen. Geben Sie ihm deshalb ohne sachlich zwingenden Grund niemals zu verstehen, daß Sie seine Selbsteinschätzung oder seine persönlichen Vorstellungen möglicherweise nicht teilen. Lassen Sie ihm seine eigene Meinung.

Diese Empfehlung soll selbstverständlich nicht bedeuten, daß Sie jeder abenteuerlichen Äußerung eines Partners begeistert beipflichten sollen. Es geht erst recht nicht darum, die eigenen Werte und Vorstellungen zu verleugnen!

Die meisten Gespräche mit einem Kunden oder Partner werden sich aber um eher unproblematische Themen drehen, bei denen es sich in keiner Weise lohnt, bei jeder Aussage entschiedenen Widerspruch einzulegen und die eigene Sicht der Dinge zum Maßstab jeden Urteils zu machen.

Stellen Sie sich beispielsweise vor, Ihr Gegenüber erzählt Ihnen von seiner Kunst als Skifahrer und von seiner Liebe zu den Bergen. Selbst wenn Sie Schnee und Kälte hassen sollten, bringt es wenig, ihm im Gegenzug von der Schönheit des Meeres vorzuschwärmen und dann noch vorzurechnen, wie viele Menschen sich jährlich bei Abfahrten die Knochen brechen – „Ein Freund von uns, er ist Chirurg, hat seine Villa in einer einzigen Skisaison finanziert ...“.

Noch wichtiger ist ein sensibles Verhalten, wenn es um Überzeugungen und persönliche Werte geht. Ein Angriff auf die Überzeugungen eines Menschen wirkt meist wie ein Angriff auf ihn persönlich. Vermeiden Sie deshalb besonders auf diesem Feld überflüssige Diskussionen, mit denen Sie nichts anderes erreichen würden, als das Selbstverständnis Ihres Partners zu erschüttern und Ihr Verhältnis zu ihm für alle Zeiten zu zerstören.

Zeigen Sie Ihrem Partner, daß Sie ihn für wichtig halten

Lassen Sie uns zur nächsten großen Erfolgsregel für die persönliche Kommunikation und Zusammenarbeit kommen. Sie bezieht sich auf ein wirkliches Grundbedürfnis jedes beruflichen oder privaten Partners von Ihnen: Er möchte in jeder Situation und in allen Belangen wichtig genommen werden. Wer seine Wichtigkeit in Frage stellt, stellt ihn als Menschen in Frage.

Bestätigen Sie Ihrem Partner deshalb mit Ihrem Verhalten, daß er für Sie eine wichtige Persönlichkeit ist. Vermeiden Sie alles, was ihn in seiner Bedeutung relativiert oder herabsetzt.

Abschätzung zerstört Wertschätzung

Verletzen Sie nicht das Gefühl der Wichtigkeit eines Partners, indem Sie ihn beim ersten Kontakt einer Art Musterung unterziehen. Er betrachtet bereits den „Akt der Einschätzung" als einen für ihn degradierenden Vorgang. Er spürt genau, wenn Sie anfangen, ihn in seiner Bedeutung zu untersuchen und zu bewerten. In seiner Wahrnehmung läuft etwa folgender Gedankengang hinter Ihrer Stirn ab:

Frage 1: Ist er wichtig für mich?
Frage 2: Was bringt er mir?
Frage 3: Lohnt es sich für mich, mich zu bemühen?

Spätestens, wenn Sie innerlich bei Frage drei angekommen sind, haben Sie sein Wohlwollen verspielt. Selbst wenn Sie zu einem für ihn schmeichelhaften Ergebnis kommen und sich vor Beflissenheit nur so überschlagen, haben Sie keine Chance mehr, ihm noch das Gefühl echter Wertschätzung zu vermitteln. Er wird alles als die reine Heuchelei abtun.

Nehmen Sie ihn wichtig „an sich"

Zeigen Sie Ihrem Partner, daß Sie ihn als Persönlichkeit wichtig nehmen und nicht nur deshalb, weil er für Ihren wirtschaftlichen oder persönlichen Erfolg eine Rolle spielt.

Selbstverständlich wird es immer Menschen geben, die Ihnen besonders am Herzen liegen und die eine größere Bedeutung für Ihr Vorankommen und Wohlergehen haben als andere. Achten Sie aber darauf, derartige Unterschiede nach außen nicht sichtbar werden zu lassen.

Unterlassen Sie beispielsweise jede Äußerung, aus der ein Kunde schließen könnte, daß er in seiner Bedeutung für Sie verlieren könnte, wenn er einmal sein Auftragsvolumen einschränkt oder wenn Sie einen neuen Kunden mit einem größeren Potential kennenlernen.

Hüten Sie sich besonders vor falschen Komplimenten. Ein sinngemäßer Satz wie „Sie sind natürlich ein besonders guter Kunde, weil Sie mehr kaufen als die meisten anderen" zeigt Ihrem Partner, daß Sie ihn nur als Wirtschaftsfaktor sehen. Sie bewirken das genaue Gegenteil von dem, was Sie eigentlich erreichen möchten.

Auch die entgegengesetzte Aussage ist gefährlich. „Für mich sind alle Kunden gleich" wird von niemandem gerne gehört, der glaubt, überdurchschnittlich viel Geld oder Mühe für Sie einzusetzen.

Vermeiden Sie alle negativen Bemerkungen

Diskutieren Sie gar nicht erst die Möglichkeit, daß bestimmte Kunden oder Partner von Ihnen weniger wichtig sind als andere. *Ein Beispiel zeigt*, wie leicht Beziehungen durch eine unangemessene Bemerkung verletzt werden können:

Ein Ehepaar betritt ein exklusives Uhrengeschäft. Beide haben sich dort bereits vor einiger Zeit schöne Uhren gekauft und suchen nun eine weitere Uhr als Geschenk für die Mutter der Kundin. Weil sie ein geschmackvolles und trotzdem nicht zu teures Modell wählen möchten, führen sie ein längeres Gespräch mit dem Chefverkäufer.

Als er ihnen eine passende Uhr vorlegt, fragen sie nach seiner Meinung zur Angemessenheit des Preises. Sie erhalten zur Antwort: „Ob Ihnen diese Uhr zu teuer ist, müssen Sie selbst wissen. Ich habe Kunden, die ewig für eine Uhr für tausend Mark sparen. Ich habe aber auch Kunden, die sich spontan eine Zehntausend-Mark-Uhr kaufen, weil sie ihnen beim Vorbeigehen im Schaufenster gefallen hat. Sie können sich natürlich vorstellen, welche Kunden mir lieber sind.“

Mit dieser Aussage hat der Verkäufer seinen Gesprächspartnern schlagartig deutlich gemacht, daß sie sich offensichtlich auf den unteren Sprossen seiner Wertschätzungsleiter befinden.

Zeigen Sie Ihr Interesse

Wertschätzung beruht auf Interesse. Das Interesse, das Sie Ihrem Partner entgegenbringen, zeigt ihm, was er Ihnen wirklich wert ist. Mit Ihrem Interesse demonstrieren Sie ihm, daß er Ihnen wichtig ist und daß Sie ihn als Individuum und besondere Persönlichkeit schätzen. Desinteresse bewirkt das Gegenteil. Es ist ein Signal mangelnder Wertschätzung und ein Indikator fehlender Beziehungsintelligenz.

Lassen Sie uns deshalb sehen, aus welchen Elementen echtes Interesse besteht und mit welchem Verhalten in Gesprächen und in der persönlichen Zusammenarbeit Sie ein Höchstmaß an Interesse demonstrieren.

Interesse beginnt mit Aufmerksamkeit

Aufmerksamkeit ist das erste große Merkmal von Interesse. Nicht ohne Grund lautet die übliche Formulierung: Aufmerksamkeit „schenken". Aufmerksamkeit beruht auf Beachten und damit auf Achten. Sie bedeutet, völlig wach und aufnahmebereit für das zu sein, was ein Partner tut, was er sagt und was er will.

Kern der Aufmerksamkeit ist Konzentration, auf den Partner und auf den Augenblick. Konzentrieren bedeutet „sich geistig sammeln und anspannen".

Beschließen Sie deshalb, ausschließlich für Ihren Gesprächspartner dazusein.

Beenden Sie jede Art der geistigen Verzettelung. Zeigen Sie ihm, daß Sie voller Spannung auf das warten, was er Ihnen sagen möchte. Richten Sie alle Sinne auf ihn, und lassen Sie sich durch nichts ablenken.

Erledigen Sie keine Nebenaufgaben, wenn Sie mit ihm zusammen sind. Wühlen Sie nicht in Ihren Unterlagen herum, blättern Sie keine Akten durch, und suchen Sie nicht nach Gegenständen. Halten Sie immer Blickkontakt.

Gehen Sie mit Ihren Gedanken nicht auf Wanderschaft. Erarbeiten Sie nicht Ihre eigenen Argumente, während er zu Ihnen spricht. Bleiben Sie bei ihm und seinen Überlegungen. Ihre Antworten ergeben sich dann von allein. Je konzentrierter Sie seinen Aussagen folgen, desto leichter fällt es Ihnen, treffende und überzeugende Argumente zu finden.

Die gleichen Regeln gelten für das Telefonieren.

Stoppen Sie jede andere Tätigkeit, wenn Sie einen Anruf entgegennehmen. Beenden Sie Ihre aktuelle Unterhaltung, bevor Sie den Hörer abheben. Lassen Sie den Anrufer nicht noch das Restgespräch mithören. Zeigen Sie ihm von der ersten Sekunde an Ihre Präsenz.

Trinken Sie während des Telefonates keinen Kaffee und kein Wasser, das er Ihre Kehle hinuntergurgeln hört. Saugen Sie nicht geräuschvoll an einer Zigarette. Ihr Gesprächspartner weiß nie, ob Sie rauchen oder ob er Sie mit seinen Äußerungen in akute Atemnot bringt. Tun Sie nichts, was ihm den Eindruck geben könnte, Sie seien nicht bei der Sache.

Verbieten Sie Ihren Kollegen, Sie anzusprechen oder Ihnen raschelnd unwichtige Mitteilungen zuzuschieben, während Sie telefonieren. Ihr Gesprächspartner gewinnt sonst den Eindruck, daß Sie das Telefonat mit ihm nur als lästige Unterbrechung Ihrer eigentlichen Arbeit betrachten.

Zeigen Sie durch Ihre Mimik und Gestik niemals Langeweile oder geistige Verabschiedung.

Fangen Sie bei längeren Gesprächen nicht an zu gähnen und sich Ihr Gesicht zu massieren. Rutschen Sie nicht hin und her, als würde sich Ihr Stuhl langsam aufheizen. Lassen Sie Ihre Augen nicht durch den Raum schweifen. Starren Sie nicht mit glasigem Blick durch Ihren Gesprächspartner hindurch, nach dem Motto „Die toten Augen von London“.

Schlagen Sie lieber eine kurze Besprechungspause vor, bei der Sie frische Luft tanken, sich etwas bewegen und Ihre Konzentrationsfähigkeit wiedergewinnen können. Eine kurze Pause wird jeder Verhandlungspartner akzeptieren, mangelnde Aufmerksamkeit dagegen nicht.

Achten Sie auf Andeutungen.

Konzentrieren Sie sich nicht allein auf die großen Aussagen Ihres Partners, die eindeutig und auf Anhieb verständlich sind. Achten Sie genauso auf seine Nebensätze und auf „Untertöne“.

Haken Sie so schnell wie möglich nach, wenn Ihnen etwas unklar ist oder wenn bei Ihnen der Eindruck entsteht, daß Ihr Gegenüber zögert, einen bestimmten Gedanken zu äußern. Gehen Sie sofort auf angedeutete Befürchtungen und auf unausgesprochene Fragen ein, die Sie in seinen Überlegungen entdecken können.

Je sensibler Sie sich zeigen, desto besser erkennt Ihr Partner Ihre Aufmerksamkeit.

Liefern Sie Ihrem Kunden oder Partner Zuwendung

Zuwendung ist der zweite Bestandteil von Interesse. Bitte denken Sie auch hier über den tieferen Sinn des Begriffes nach. „Zugewandt“ bedeutet „zugehörig“. Mit Zuwendung demonstrieren Sie Ihrem Partner, daß er und seine Gedanken für Sie im Mittelpunkt stehen. Sie zeigen ihm, daß Sie sich für ihn und seine Anliegen verantwortlich fühlen.

Beginnen Sie mit seinen Themen.

Die meisten Menschen benötigen eine Art Anwärmphase, bevor sie sich in einem Gespräch oder bei einer Verhandlung wohl fühlen, bevor sie Vertrauen gefaßt haben und bevor sie für die Gedanken des anderen aufnahmebereit sind.

Stellen Sie deshalb Ihre eigenen Ziele im ersten Moment einer Begegnung gedanklich etwas zurück. Lassen Sie Ihren Partner zuerst von seinen Gedanken erzählen, bevor Sie zu Ihren Themen kommen. Geben Sie ihm die Gelegenheit, sich auszusprechen und seine Sicht der Dinge zu schildern. Im Anschluß daran wird es Ihnen auch viel leichter fallen, ihn Ihrerseits mit Ihren Argumenten zu erreichen.

Hören Sie Ihrem Partner intensiv zu!

Die Bedeutung des „professionellen Zuhörens“ wird weit unterschätzt. Zuhören ist eine der wichtigsten Fähigkeiten echter Beziehungsintelligenz und gleichzeitig eine der größten Kommunikationsaufgaben in der persönlichen Zusammenarbeit.

Sie können jemandem kaum ein größeres Kompliment machen, als ihm intensiv und aufmerksam zuzuhören. Es ist der direkte Weg, ihm ungeteilte Zuwendung und Wertschätzung zu schenken.

Zuhören liefert Ihnen einen Handlungsvorsprung.

Ihre Fähigkeit des Zuhörens entscheidet, welches Gefühl ein Partner im Gespräch mit Ihnen hat. Sie entscheidet, welche Gelegenheiten er Ihnen gibt, im Gegenzug Ihre Anliegen zu äußern, und welche Aufmerksamkeit er Ihnen bei der Besprechung Ihrer Ziele entgegenbringt. Wem Sie geduldig zuhören, der fühlt sich verpflichtet, auch Ihre Worte ernst zu nehmen.

Zuhören ist Grundvoraussetzung, um in Gesprächen die Gedanken des Partners zu erfassen, sich auf ihn einzustellen und ihm den Nutzen in der Zusammenarbeit bieten zu können, den er sich wünscht.

Wenn Sie nur selbst reden, bleiben Sie immer auf demselben Informationsniveau. Wenn Sie dagegen Ihrem Partner zuhören, lernen Sie seinen Standpunkt besser kennen. Wenn Sie seine Botschaft empfangen haben, können Sie besser senden. Sie erfahren seine Gedanken und haben sicheren Boden für Ihre eigene Argumentation.

Beschließen Sie, einer der besten Zuhörer überhaupt zu werden.

Zuhören muß man lernen, wie Lesen, Schreiben und Rechnen. Zuhören ist eine aktive Tätigkeit. Hören ist nicht Zuhören. Zuhören erfordert Willenskraft, Energie, Disziplin und Konzentration.

Entscheiden Sie nicht gleich zu Beginn, daß alles, was Ihr Gesprächspartner bringt, uninteressant oder falsch ist. Geben Sie ihm einen Wohlwollens-Vorschuß. Er merkt das und wird gelöster, präziser und überzeugender.

Hören Sie auf liebenswürdige und wohlwollende Weise zu und nicht in der Form eines Mahnmals des stillen Protestes. Wem Sie liebenswürdig und höflich zuhören, der äußert sich Ihnen gegenüber auch bei Problemen weniger hart. Er wird auch so mit seinen Aussagen erkennbar ernst genommen.

Lassen Sie Ihren Partner aussprechen und ausdenken.

Betrachten Sie Unterhaltungen nicht als Wettkampf um die meiste Sprechzeit. Hören Sie Ihrem Partner nicht nur deshalb zu, um ein Stichwort für Ihren eigenen Einsatz zu bekommen. Unterbrechen Sie ihn nicht, wenn er einmal eine kurze Pause macht. Betrachten Sie sein Innehalten nicht als Aufforderung, selbst loszulegen.

Lassen Sie ihn seine Sätze allein beenden. Fallen Sie ihm nicht ins Wort, wenn er bei einem Gedanken zögert und nach der passenden Formulierung sucht. Tun Sie nicht so, als könnten Sie seine Gedanken lesen und im voraus sagen, was er Ihnen mitteilen will.

Sehen Sie ihn an, und schweigen Sie einen Moment. Sie belassen ihm damit die Gelegenheit weiterzusprechen. Was er nach seiner kurzen Denkpause bringt, ist das wirklich Wichtige und Bedeutsame. Zuhören ist deshalb auch die Fähigkeit, Sekunden der Stille und eine kleine Pause zu ertragen.

Reden Sie selbst weniger.

Ein schlechter Gesprächspartner redet viel zu viel selbst. Leute, die sich selbst gerne reden hören, sind eine Geißel der Menschheit. Reden Sie deshalb deutlich weniger als Ihr Gesprächspartner. Wer hauptsächlich selbst redet, beginnt den anderen nach kürzester Zeit zu langweilen. Wer den anderen dagegen reden läßt, gewinnt seine Begeisterung!

Bestärken Sie Ihren Gesprächspartner.

Motivieren Sie ihn mit kurzen und zustimmenden Bemerkungen. Stellen Sie freundliche und höfliche Zwischenfragen, um ihn zu ermuntern und präzise Aussagen von ihm zu erhalten:

★ *„An was denken Sie speziell?“*

★ *„Könnten Sie vielleicht ein Beispiel nennen?“*

★ *„Was bedeutet das in Zahlen?“*

Mit Fragen dieser Art können Sie gleichzeitig einen Dauerredner bremsen, ohne unhöflich zu wirken. Sie bringen ihn zu einer sachlichen Aussage und zu einem abschließenden Gedanken, an den Sie direkt mit Ihrer Antwort anknüpfen können.

Minimieren Sie Störungen und Unterbrechungen.

Bitten Sie von sich aus Ihren Partner um ein ungestörtes Gespräch. Vereinbaren Sie mit ihm gegebenenfalls einen Sondertermin zu störarmen Zeiten.

Laden Sie ihn zu sich ein, sofern Sie dann mehr Ruhe haben. Sorgen Sie dafür, daß das Gespräch nicht laufend von außen unterbrochen wird. Führen Sie wichtige Unterhaltungen an keinem Ort, an dem ständig das Telefon klingelt, an dem andere ein- und ausgehen und an dem ständig Dritte auftauchen, um die Sie sich ebenfalls kümmern müssen.

Verdeutlichen Sie ihm Ihre Anteilnahme

Anteilnahme ist das dritte große Element von Interesse. Anteilnahme erfüllt Ihre Aufmerksamkeit und Ihre Zuwendung mit Leben. Sie zeigt Ihrem Partner Ihre Verbundenheit mit ihm und mit seiner Situation. Sie ist der erste Schritt auf dem Weg zur Lieferung von aktiver Unterstützung.

Beweisen Sie Ihrem Partner, daß Sie ihn verstehen.

Anteilnahme ist ein aktiver Vorgang. Zeigen Sie Ihrem Gesprächspartner deshalb, daß Sie seine Gedanken und Beweggründe nachvollziehen können.

Knüpfen Sie an seinen Überlegungen an. Wenn Sie seine Gedanken mit Ihren eigenen Worten wiederholen und ergänzen, dann beweisen Sie ihm, daß Sie ihn wirklich verstanden haben. Er kann sich bei Ihnen wiederfinden.

Gehen Sie auf das ein, was er sagt und möchte. Schildern Sie ihm mit Beispielen aus Ihrer Praxis, daß Sie mit seinen Themen und Problemen vertraut sind. Behandeln Sie sein Anliegen bis zu einem für ihn befriedigenden Abschluß. Springen Sie nicht übergangslos zum nächsten Thema, wenn wichtige Fragen noch offen sind.

Nehmen Sie ihn ernst.

Übergehen Sie nichts, was Ihren Partner beschäftigt, nur weil es aus Ihrer Sicht unwichtig oder nebensächlich ist. Versetzen Sie sich in seine Situation, wenn er Ihnen seine Überlegungen schildert.

Je erfahrener er ist, desto besser weiß er, wie viele Ereignisse auftreten können, die ihn gefährden oder unter Druck bringen. Er besitzt ein ausgeprägtes Vorstellungsvermögen und einen scharfen Blick für mögliche Schwierigkeiten.

Kommen Sie ihm deshalb nicht mit oberflächlichen Beschwichtigungsversuchen, wenn er Ihnen von einem Problem erzählt. Beantworten Sie jede seiner Fragen mit dem gleichen Grad an Professionalität, unabhängig von der Größenordnung der Fragestellung. Reagieren Sie nicht mit einem lockeren Scherz auf einen Gedanken, der ihn möglicherweise längere Zeit besetzt und belastet hat.

Zeigen Sie Ihr Mitgefühl.

Reagieren Sie nicht nur kühl und distanziert. Gehen Sie nicht allein auf die sachlichen Aspekte dessen ein, was Sie von Ihrem Partner hören, sondern auch auf die persönlichen.

Überlegen Sie stets, welche emotionale Bedeutung ein Thema für den anderen hat. Sagen Sie ihm ausdrücklich, daß Sie seine Empfindungen teilen können: „Ich verstehe gut, daß dieser Vorfall Sie intensiv beschäftigt. Vielleicht darf ich Ihnen einmal meine Gedanken hierzu sagen. Anschließend werde ich dafür sorgen, daß wir eine hervorragende Lösung finden ...“

Die genannten Empfehlungen beziehen sich selbstverständlich nicht nur auf Probleme. Zeigen Sie deshalb Ihre Anteilnahme auch bei positiven Botschaften. Freuen Sie sich mit Ihrem Partner, wenn er Ihnen von einem Erfolg erzählt. Stoßen Sie ihn nicht mit Negativbeispielen auf den Boden der Tatsachen zurück, nur um sich ihm gegenüber als „nüchterner Realist“ zu positionieren.

Signalisieren Sie Ihre Anteilnahme auch mit Ihrer Körpersprache.

Setzen oder stellen Sie sich so, daß Sie ihm zugewandt sind. Falls erforderlich, stehen Sie kurz auf und wählen Sie einen anderen Platz, auf dem Sie ihn besser sehen können und auf dem Sie den „richtigen“ Abstand zu ihm haben.

Sitzen Sie nicht regungslos und mit versteinerten Gesichtszügen da, als ob Sie sich bei einer Wildwest-Pokerpartie mit Doc Holliday und Wyatt Earp befinden. Lächeln Sie Ihren Partner während des Gespräches an. Nicken Sie ihm bestätigend zu. Zeigen Sie ihm mit Ihrer Gestik und Mimik, daß Sie auch gefühlsmäßig bei der Sache sind.

Zeigen Sie Ihrem Partner Ihre Sympathie

Ihr Kunde oder Partner hat ein ausgeprägtes Verlangen nach Zuneigung. In seiner Wahrnehmung äußert sich Wertschätzung nicht allein in Achtung und Respekt, sondern besonders auch in der Sympathie, die ihm entgegengebracht wird. Er möchte, daß ihm fachliche Leistungen nicht nur aus einer Verpflichtung heraus geliefert werden, sondern weil man ihn mag.

Fehlende Sympathie ist für ihn dagegen gleichbedeutend mit persönlicher Ablehnung. Es gibt kaum etwas, was er mehr fürchtet und was ihn mehr abstößt.

Die Lieferung von Zuneigung hat Seltenheitswert

Es ist eine Aufgabe, für die sich im Wirtschaftsleben niemand zuständig oder verantwortlich fühlt. Zeichen von Freundlichkeit und Höflichkeit mögen wenigstens noch aufblitzen, Sympathie-Bekundungen gehen aber im Tagesgeschäft so gut wie unter.

Vielen Menschen erscheint es auch geradezu absurd, einem Kunden oder Partner mitzuteilen, daß sie ihn mögen. Sie befürchten, daß die betreffende Person daraus Ansprüche auf eine spezielle Behandlung oder auf überdurchschnittliche fachliche Leistungen ableiten könnte. Sie glauben gleichzeitig, daß die Lieferung von Sympathie als ein Eingeständnis eigener Schwäche mißverstanden werden könnte.

Die Demonstration von Abneigung ist dagegen für die meisten eine der einfachsten Übungen. Hier existieren Einfallsreichtum und Entschlossenheit.

„Indirekte" Sympathiebeweise sind wichtig, aber sie genügen nicht

Vertrauen Sie nicht darauf, daß Ihr Partner von allein erkennt, daß er Ihnen sympathisch ist. Er hofft es vielleicht, und er versucht, es aus Ihrem Engagement oder aus bestimmten Äußerungen von Ihnen abzuleiten.

Er ist sich aber niemals sicher, solange Sie ihm keine deutliche Botschaft liefern. Er wird immer überlegen, ob bei Ihrem Verhalten nicht doch sachliche oder „egoistische" Gründe anstelle echter Wertschätzung überwiegen. Er wird immer darüber nachdenken, ob Sie ihn im Grunde Ihres Herzens nicht doch ablehnen.

Sprechen Sie Ihre Sympathie deshalb offen aus

Es gibt eine Vielzahl von Möglichkeiten für Sie, Ihre Sympathie auszudrücken, ohne aufdringlich zu wirken und ohne den Eindruck anbiedernder Beflissenheit zu erwecken.

Je spezieller Sie sind, desto überzeugender ist Ihre Aussage. Knüpfen Sie immer an einem aktuellen Ereignis an. Liefern Sie keine ausschweifenden Stories, sondern ein oder zwei klare Sätze. Konstruieren Sie nichts. Überlegen Sie, was Sie wirklich an einem bestimmten Partner mögen. Wenn Ihnen nichts einfällt, schweigen Sie lieber.

Bremsen Sie sich nicht selbst, indem Sie sich überfordern. Es geht nicht darum, literarische Kunstwerke zu verfassen, von denen Ihr Gesprächspartner noch seinen Enkeln erzählt. Eine herzliche und handfeste Aussage erreicht ihr Ziel. Folgende Ansatzpunkte sind besonders geeignet:

Sagen Sie Ihrem Kunden oder Partner, daß er Ihnen als Person wichtig ist: „Ihre Anliegen und Ihre Gedanken sind mir wirklich wichtig. Sie liefern mir eine Vielzahl von Ideen und interessanten Anregungen."

Sagen Sie ihm, daß Sie die Zusammenarbeit mit ihm besonders genießen: „Wir arbeiten jetzt schon seit fünf Jahren zusammen. Für mich ist jedes Projekt mit Ihnen eine große Freude gewesen."

Sprechen Sie offen an, weshalb Sie es schätzen, ihn zum Partner zu haben: „Die Zuverlässigkeit, mit der Sie Ihre Zusagen einhalten, ist in der heutigen Zeit wirklich außergewöhnlich. Ich möchte Ihnen gerne sagen, wie sehr ich Sie und Ihre Verläßlichkeit schätze."

Lassen Sie sich nicht von negativen Gedanken behindern

Sicher kommen Ihnen in diesem Augenblick Partner in den Sinn, die Ihnen alles andere als sympathisch sind und zu denen die geschilderten Texte wie die Faust aufs Auge passen.

Auch hier gilt aber eine Grundregel echter Beziehungsintelligenz. Berauben Sie sich nicht Ihrer Chancen bei Ihren „guten" Kunden und Partnern, indem Sie Ihr Verhalten nach den negativen Ausnahmen richten. Beginnen Sie mit Ihren Bemühungen nicht dort, wo Hopfen und Malz längst verloren sind. Konzentrieren Sie sich auf die Menschen, die selbst einen Sinn für einen gewinnenden und professionellen Umgang miteinander haben.

Handeln Sie mit Enthusiasmus!

Für Ihren Partner entscheidet nicht allein, *was und wieviel* Sie für ihn tun, sondern auch *wie gerne*.

Der Grad Ihres Enthusiasmus hat für ihn fast das gleiche Gewicht wie die Leistung selbst. Mit Enthusiasmus verstärken Sie seine Freude an Ihren fachlichen Aktivitäten. Sie liefern ihm nicht nur ein Produkt oder eine Dienstleistung, sondern darüber hinaus Wertschätzung.

Gehen Sie mit einer positiven Einstellung an Ihre Aufgaben heran

Nüchtern betrachtet gibt es nur zwei Möglichkeiten. Entweder Sie müssen aus bestimmten Gründen auf eine Bitte oder eine Forderung eingehen, oder Sie müssen es nicht. Im zweiten Fall können Sie selbst entscheiden, welches Verhalten aus Ihrer Sicht angemessen und richtig ist.

Im ersten Fall ist die Lage anders. Hier bezieht sich Ihre Wahlfreiheit allein auf Ihre Einstellung. Sie können das Anliegen Ihres Partners gerne und mit Enthusiasmus erfüllen oder mit Widerwillen und innerer Ablehnung.

Entscheiden Sie sich für den Enthusiasmus. Wenn Sie schon gezwungen sind, eine bestimmte Arbeit zu erledigen, die Ihnen nicht gefällt oder die im Augenblick nicht in Ihre Planung paßt, dann erhalten Sie sich wenigstens Ihre Stimmung. Selbstmitleid und Verbitterung bringen Sie ebensowenig voran, wie Jammern und Wehklagen.

GFT
Leistung plus
Enthusiasmus
Für Ihren Partner
entscheidet nicht allein,
was Sie für ihn tun,
sondern auch
wie gerne!
Es ist mir ein Vergnügen ...
Es ist mir eine Freude ...
STEFAN F. GROSS - ERFOLGSFORMEL
© GFT München

Mit einer positiven Einstellung, mit positiven Gedanken konditionieren Sie sich selbst für Ihren Erfolg. Sie kommen viel schneller zu einem Ergebnis. Überlegen Sie deshalb immer, welche Vorteile die Tätigkeit, um die es geht, Ihnen selbst bietet. Denken Sie daran, welche positiven Nebenwirkungen sie hat und wie sich die Lage ändern wird, wenn Sie die betreffende Aufgabe erledigt haben.

Verzichten Sie auf Sprüche mit Rachecharakter

Reagieren Sie nicht mit Entsetzen, wenn Ihr Kunde oder Partner sein Anliegen äußert. Begleiten Sie Ihre Aktivitäten nicht mit vorwurfsvollen und mitleidheischenden Äußerungen:

„Was, zu dieser Zeit möchten Sie ...?“

„Wenn Sie das jetzt von mir verlangen, was bleibt mir übrig.“

„Na gut, wenn es denn sein muß.“

„Es läßt sich wohl nicht ändern.“

„Damit kommen Sie jetzt? Das hätten Sie auch früher sagen können!“

„Wir schließen in zwanzig Minuten ...“

Vermeiden Sie auch äußere Anzeichen tiefsitzender Verzweiflung. Stöhnen Sie nicht auf. Rollen Sie nicht mit den Augen. Zerren Sie nicht an Ihrem Hemdkragen. Zermahlen Sie sich nicht die Zähne. Fassen Sie nicht mit zitternden Händen an Ihren Puls oder an Ihr Herz. „Antworten“ Sie weder mit verbissenem Schweigen noch mit einsilbigen Preßlauten.

Alle geschilderten Reaktionen haben eine dreifach negative Wirkung. Sie vernichten Ihre eigene Leistungsfähigkeit und

Stimmung. Sie rauben Ihrem Partner die Sehfähigkeit für die Güte Ihrer Leistungen. Sie sind eine machtvolle Demonstration für völlig fehlende Wertschätzung.

Zeigen Sie Ihr Engagement

Enthusiasmus ist ein Zeichen von Begeisterung. Er bringt Ihre Freude darüber zum Ausdruck, daß Sie mit einem bestimmten Partner zusammen sind oder zusammenarbeiten. Mit Enthusiasmus zeigen Sie ihm, daß Sie seine Gedanken wichtig nehmen, daß Sie auf ihn eingehen und daß Sie sich für ihn einsetzen. Sie beweisen Ihre Hilfsbereitschaft und Ihre innere Bindung zu ihm.

Eine enthusiastische Reaktion macht aus einer einfachen Handlung ein außergewöhnliches Ereignis. Sie liefert Ihrem Partner Energie und positive Stimmung. Sie dient dazu, ihn aus der Menge hervorzuheben. Gehen Sie deshalb mit einer positiven Botschaft auf eine Bitte oder Äußerung Ihres Partners ein. Sagen Sie ihm, wie gerne Sie für ihn tätig werden:

- *„Es ist mir eine Freude ...“*
- *„Es ist mir ein Vergnügen ...“*
- *„Das erledige ich sehr gerne für Sie ...“*

Enthusiasmus nutzt sich niemals ab und erfreut immer

Hierzu ein kleines Beispiel: In einer gutgehenden Bäckerei arbeiten mehrere Verkäuferinnen. Alle sind freundlich und bemüht und werden von den vielen Stammkunden gemocht.

Eine Verkäuferin hebt sich dennoch ab. Sie strahlt jeden Kunden von weitem an. Sie begrüßt die Kunden mit Namen, auch wenn die betreffende Person von einer Kollegin bedient wird oder noch in der Schlange wartet. Sie begleitet jeden Wunsch eines Kunden mit einem enthusiastischen Kommentar. Sie fragt niemals „Ist das alles?“, sondern immer „Was darf ich noch für Sie tun?“.

Eines Tages betritt eine offensichtlich „neue“ Kundin das Geschäft. Sie sieht die Verkäuferin und sagt Folgendes zu ihr: „Haben Sie nicht vor vielen Jahren in einem großen Feinkostgeschäft gearbeitet? Ich kann mich gut an Sie erinnern, Sie waren dort mit Abstand die freundlichste Verkäuferin.“

Das Beispiel zeigt eines. Selbst wenn der Zeitraum des persönlichen Kontaktes gering ist, selbst wenn man mit sehr vielen Menschen zu tun hat, auch wenn die Ausdrucksmöglichkeiten für Enthusiasmus aus sachlichen Gründen begrenzt sind – Begeisterung und Engagement wirken immer. Sie sind ein vorzüglicher Weg, sich von anderen abzuheben und eine persönliche Bindung zu schaffen.

Wie zerstörerisch dagegen fehlender Enthusiasmus wirkt, *zeigt ein zweites Beispiel:* Ein Schweizer Grafiker besucht München. Nachdem er am Bahnhof gut gelaunt in ein Taxi gestiegen ist, möchte er nach wenigen Metern Fahrt ein freundliches Gespräch mit dem Fahrer beginnen. Als Einleitung wählt er eine Bemerkung über das schöne Wetter: „Ist es nicht herrlich, daß heute endlich wieder die Sonne scheint?“. Antwort des Taxifahrers: „Wen interessiert das schon!“

Sorgen Sie für gleichbleibende Wertschätzung auf hohem Niveau

Wie wir gesehen haben, existiert eine Vielzahl von Maßnahmen und Verhaltensweisen für die Lieferung von Wertschätzung. Unsere nächste Erfolgsregel bezieht sich auf die Konsequenz, mit der Sie Ihre Achtung, Ihren Respekt und Ihre Sympathie zum Ausdruck bringen.

Ihr Kunde oder Partner erwartet in jeder Situation die gleiche Wertschätzung

Er möchte nicht nach dem Motto behandelt werden „Heute VIP, morgen NIP". Er will nicht, daß Sie ihn einmal als „very important person" sehen und beim nächsten Treffen als „not important person" übergehen.

Schwanken Sie deshalb nicht in Ihrem Verhalten. Begegnen Sie ihm immer mit der Wertschätzung, die er von Ihnen gewöhnt ist und auf die er sich freut. Enttäuschen Sie seine Erwartungen nicht.

Behandeln Sie ihn auch dann als „besondere Persönlichkeit", wenn er Ihre Vorstellungen einmal nicht erfüllt und es beispielsweise nicht zu einem Geschäftsabschluß kommt. Schenken Sie ihm in jeder Situation Aufmerksamkeit und Zuwendung und nicht nur dann, wenn Sie einmal unbegrenzt Zeit haben und den Kopf frei von anderen Dingen.

Lassen Sie ihn nicht für Ihre eigene Gemütslage büßen. Variieren Sie Ihr Verhalten nicht aufgrund von Stimmungsschwankungen, für die er nichts kann. Geben Sie keinen Ärger an ihn weiter, den andere bei Ihnen ausgelöst haben.

Vermeiden Sie auch einmalige Ausbrüche von Engagement und Enthusiasmus, die in krassem Gegensatz zu Ihrem üblichen Verhalten stehen. Erstens wirkt es unglaubwürdig, und zweitens werden Sie in Zukunft immer an diesem einen Auftritt gemessen werden.

Halten Sie Ihre Wertschätzung auch über einen längeren Zeitraum am Leben

Möglicherweise haben Sie von einem bestimmten beruflichen Partner längere Zeit nichts gehört. Er selbst wird sich genau daran erinnern, wie Sie sich ihm gegenüber beim letzten Mal verhalten haben. Er wird sich vor einer Kontaktaufnahme fragen, ob Sie nach dem Ansatz „Aus den Augen, aus dem Sinn" handeln oder ob Sie noch das alte Maß an Wertschätzung für ihn empfinden.

Steigen Sie deshalb bei Ihrem ersten Gespräch sofort wieder auf dem gewohnten Wertschätzungsniveau ein. Zeigen Sie ihm, daß er nicht an Bedeutung für Sie verloren hat. Behandeln Sie ihn nicht kühl oder distanziert, sondern auf Anhieb als vertrauten Partner.

Informieren Sie Ihre Kollegen und Mitarbeiter über Ihre Kunden und externen Partner

Sorgen Sie dafür, daß die Namen und Grunddaten Ihrer wichtigsten Kunden und Partner bei Ihren Kollegen und Mitarbeitern bekannt sind. Liefern Sie ausreichende Informationen

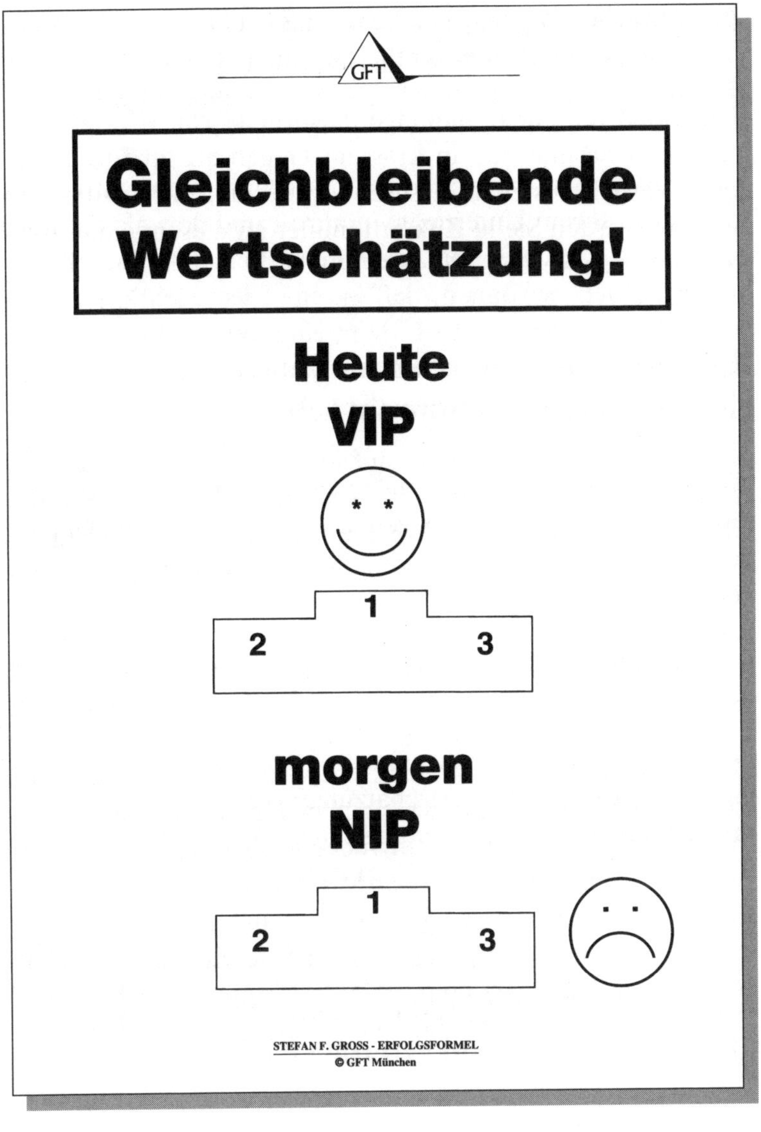
GFT
Gleichbleibende Wertschätzung!
Heute
VIP
1
2
3
morgen
NIP
1
2
3
STEFAN F. GROSS - ERFOLGSFORMEL
© GFT München

über aktuelle Vorgänge. Verhindern Sie, daß ein anderer aus Unkenntnis oder Unbedachtheit zerstört, was Sie mit großen Bemühungen und persönlicher Wertschätzung aufgebaut haben.

Kaum etwas wirkt auf einen Kunden von Ihnen negativer, als wenn er in Ihrem Unternehmen anruft und dort als Fremder empfangen wird. Bei der Zusammenarbeit mit Ihnen hat er den Eindruck gewonnen, daß er eine der wichtigsten Persönlichkeiten überhaupt ist. Beim Kontakt mit Kollegen von Ihnen muß er feststellen, daß sein Status in Ihrem Unternehmen offensichtlich ein ganz anderer ist.

Achten Sie besonders dann auf eine „Sicherheits-Informierung", wenn sich Aushilfskräfte oder neue Mitarbeiter in der Nähe Ihres Telefons oder Arbeitsplatzes befinden. Es gibt Telefonate mit Auszubildenden, nach denen sich ein Kunde für Wochen auf Kur begeben muß:

„Sie wollen Herrn Müller sprechen? Weiß Herr Müller, wer Sie sind? Ach so, Sie sind sein bester Kunde? Können Sie mir Ihren Namen noch einmal sagen? Nein, ich weiß nicht, wie Sie Herrn Müller erreichen können. Ich weiß auch nichts über den Vorgang, von dem Sie mir da erzählen. Ich bin nur eine Vertretung. Rufen Sie doch nächste Woche wieder an, dann ist Herr Müller wieder da. Aber nicht am Montag, da hat er eine interne Konferenz, die dauert den ganzen Tag. Am Dienstag ist er wieder weg zu einer Messe. Nein, einen Rückruf kann ich nicht versprechen, ich kenne seine anderen Termine nicht. Vielleicht probieren Sie es nach den Sommerferien noch einmal. Wie war jetzt noch Ihr Name?"

Hüten Sie sich vor abwertenden Bemerkungen

Je enger Sie mit einem beruflichen oder privaten Partner verbunden sind, je mehr Vertrauen Sie zu ihm haben, desto häufiger werden Sie mit ihm über persönliche Themen und Gedanken sprechen. Das allein ist selbstverständlich kein Problem. Die Lage verändert sich, wenn Sie anfangen, ihm Ihre Ansichten über andere Partner von Ihnen mitzuteilen.

Dabei spielt es keine Rolle, ob Sie eine Meinung äußern, ob Sie über Ereignisse oder Erfahrungen sprechen oder ob Sie ein bestimmtes Beispiel liefern wollen. Jede Erzählung birgt die Gefahr, daß Sie sich negativ über eine andere Person äußern. Genau dies ist aber eine zentrale Methode für die Zerstörung von Wertschätzung und für die Verletzung von Beziehungen.

Äußern Sie sich nicht negativ über Dritte

Das, was Sie Ihrem Partner über andere mitteilen, zeigt ihm, welches Kaliber an Kommentaren er von Ihnen über sich selbst erwarten muß. Er fühlt sich mitbetroffen, selbst wenn er die beschriebene Person nicht kennt. Er stellt automatisch einen Bezug zu sich selbst her.

Er empfindet es deshalb als unangenehm, wenn Sie ihm mitteilen, wie wenig Sie jemanden schätzen, wie viele Fehler andere aus Ihrer Sicht machen oder wie unerträglich Ihnen bestimmte Menschen sind.

In den meisten Fällen wird er sich nach außen hin beherrschen. Möglicherweise stimmt er Ihnen bei Ihrer Beurteilung auch zu oder lacht mit Ihnen über die „Tölpel“, von denen Sie berichten. Innerlich sieht es bei ihm anders aus.

Er beginnt sofort zu überlegen, ob er sich nicht ähnlich verhält wie die Person aus Ihrem Beispiel. Er fragt sich, was Sie wohl an ihm auszusetzen haben und bei welchen Erzählungen von Ihnen er der negative Mittelpunkt ist.

Sehr oft fühlt sich ein Gesprächspartner auch mit der herabgesetzten Personengruppe verbunden. *Hierzu ein kleines Beispiel:* Ein Mann kommt zu seinem Hausarzt, mit dem er seit vielen Jahren vertraut ist. Der Arzt hat sich gerade geärgert und äußert sich entsprechend: „Wissen Sie, die meisten meiner Patienten sind unerträglich dumm.“ Der Besucher ist entsetzt: „Aber ich bin doch auch Ihr Patient.“ Der Arzt denkt nach: „Sie sind nur schwierig.“

Jede negative Botschaft strahlt auf Sie zurück

Mit negativen Kommentaren über andere zerstören Sie das positive Bild, das Ihr Partner von Ihnen hat. Er wird Ihnen gegenüber mißtrauisch. Er wird im Zweifel immer zugunsten des Dritten überlegen, was an Ihrer Schilderung wohl übertrieben oder falsch dargestellt sein mag.

Seien Sie also bei Äußerungen über Dritte besonders behutsam. Bringen Sie nur dann eine negative Botschaft, wenn sie von der Sache her unbedingt erforderlich ist und wenn sie inhaltlich für Ihren Gesprächspartner von Wert ist. Bleiben Sie immer sachbezogen. Begründen Sie, weshalb Sie die entsprechende Information liefern. Erzählen Sie nie etwas Negatives,

GFT

Keine abwertenden Bemerkungen!

Das, was Sie Ihrem Partner über andere mitteilen,

zeigt ihm,

welches Kaliber an Kommentaren er von Ihnen <u>über sich selbst</u> zu erwarten hat.

STEFAN F. GROSS - ERFOLGSFORMEL

nur um sich über einen anderen lustig zu machen. Lassen Sie sich auch nicht von Ihrem Gesprächspartner zu unüberlegten Äußerungen hinreißen. Liefern Sie ihm keinen großen Beifall, wenn er sich über jemand anderen ausläßt. Versuchen Sie nicht, ihn mit einem noch härteren Kommentar zu übertreffen. Wenn Sie ihm zustimmen, dann auch hier immer mit Bezug auf die Sache selbst und nicht mit einer grundsätzlich abwertenden Aussage.

Denken Sie immer daran, daß es noch einen Grund gibt, mehr als zurückhaltend mit negativen Äußerungen zu sein: Im Zweifel wird das, was Sie sagen, weitergetragen. Irgendwann erfährt es die betroffene Person. Irgendwann kommt der große Knall.

Achten Sie auf jeden Partner in einer Gruppe

Treffen und Gespräche mit einer größeren Zahl von Personen sind eine besondere Herausforderung an die eigene Beziehungsintelligenz und an die Fähigkeit, Wertschätzung zu liefern. In einem Einzelgespräch gelingt es relativ einfach, sich auf den Partner zu konzentrieren. In einer Gruppe ist es weit schwieriger, jeden einzelnen gebührend wahrzunehmen und ihn als besondere Persönlichkeit zu behandeln.

Wertschätzung ist bei Gesprächen mit mehreren Personen besonders wichtig

Selbstverständlich können Sie in einer Diskussion, bei einem Meeting oder bei einer privaten Einladung nicht jedem Anwesenden exakt die gleiche Zeit zukommen lassen. Genauso gibt es immer Gesprächspartner, die Vorrang für Sie haben und um die Sie sich hauptsächlich kümmern möchten.

Besonders in einer Gruppe achtet aber jeder Anwesende auf die Aufmerksamkeit, die Sie ihm entgegenbringen. Jeder möchte vor den Augen aller anderen mit Achtung und Respekt behandelt werden, und jeder empfindet es als unerträgliche Herabsetzung, wenn Sie ihn übergehen oder mißachten.

Betrachten Sie deshalb auch in einer Gruppe jede Person als Einzelwesen und nicht als „Teil eines Kollektivs“. Lassen Sie die Unterschiede in der Behandlung nicht zu groß werden. Geben Sie jedem zu verstehen, daß er Ihnen auffällt und daß Sie ihn schätzen. Schenken Sie niemandem weit weniger Beachtung als allen anderen.

Umgehen Sie die Hauptgefahrenquellen

Vermeiden Sie Gedankenlosigkeit. Achten Sie nicht allein auf Ihren Hauptpartner. Ignorieren Sie niemals seine Mitarbeiter, Kollegen oder Begleiter. Schalten Sie geistig nicht ab, wenn Sie die Unterhaltung mit ihm beendet haben. Bleiben Sie auch gegenüber allen anderen bis zum Schluß wach und aufmerksam.

Bereiten Sie sich vor. Nehmen Sie zu Besprechungen eine ausreichende Zahl der Unterlagen mit, die Sie übergeben möchten. Lassen Sie niemanden mit leeren Händen dastehen. Bringen Sie immer einige zusätzliche Exemplare mit, die Sie bei Bedarf verteilen können. Im Zweifel werden mehr Personen teilnehmen als geplant.

Setzen Sie sich nicht unter zu große Anspannung. Konzentrieren Sie sich nicht nur auf das Besprechungsergebnis oder auf die Erbringung Ihrer fachlichen Leistung. Behalten Sie immer das Wertschätzungsbedürfnis der Menschen im Auge, mit denen Sie zusammen sind.

Nehmen Sie sich ausreichend Zeit und Ruhe. Hetzen Sie nicht durch die Flure seines Büros, wenn Sie einen Kunden besuchen. Achten Sie darauf, wer sich in den Räumen befindet, an denen Sie vorbeikommen. Möglicherweise sind es Personen, die Sie kennen und die sich über ein kurzes Gespräch mit Ihnen freuen würden.

Sorgen Sie für die richtige Begrüßung

Begrüßen Sie jeden persönlich. Schütteln Sie, wenn möglich, jedem einzelnen die Hand. Übergehen Sie niemanden, nur weil er etwas weiter entfernt von Ihnen ist. Machen Sie sich besonders hier die Mühe, und gehen Sie auf ihn zu. Er weiß, daß die meisten anderen Menschen diesen Aufwand nicht betreiben würden und schätzt Ihr Verhalten deshalb um so mehr.

Noch wichtiger sind diese Regeln bei der Verabschiedung. Wen Sie am Schluß übergehen, der behält als letzten Eindruck, daß er unwichtig für Sie ist.

Sprechen Sie jeden an

Sprechen Sie bei einer Unterhaltung jeden Teilnehmer immer wieder direkt an. Nehmen Sie mit jedem Blickkontakt auf.

Führen Sie keine Einzeldiskussionen, von denen die anderen ausgeschlossen werden. Beginnen Sie nicht grundlos mit Spezialthemen, die für die meisten uninteressant sind. Vermeiden Sie Streitgespräche, die allen Unbeteiligten die Freude an der Unterhaltung rauben.

Lassen Sie sich nicht von einem aufdringlichen Partner vereinnahmen, der Ihnen eine Privatdiskussion aufzwingen möchte. Liefern Sie ihm keine neue Nahrung in Form von ausführlichen Antworten oder Fragen, wenn er wie ein Wasserfall redet und niemanden zu Wort kommen läßt.

Antworten Sie ihm höflich, aber knapp: „Das ist wirklich ein interessanter Gedanke." Machen Sie dann eine kurze Sprechpause, und beginnen Sie mit einem verwandten, aber neuen Thema. Blicken Sie die anderen Gesprächspartner an, um sie in die Diskussion einzubeziehen. Richten Sie eine Frage an jemanden, der bisher noch keine Gelegenheit hatte, sich zu äußern.

Achten Sie auf Ihre Körperhaltung

Stellen Sie sich so, daß Sie niemandem die „kalte Schulter" zeigen oder den Rücken zuwenden. Gehen Sie einen Schritt zur Seite, wenn eine neue Person in den Gesprächskreis tritt. Lassen Sie niemanden in der zweiten Reihe verhungern.

Demonstrieren Sie Ihrem Gegenüber nicht, daß Sie auf der Suche nach interessanteren Partnern sind. Drehen Sie sich nicht von ihm weg, und blicken Sie nicht an ihm vorbei, nur um auf diese Weise den Eingang oder den Raum im Blick zu behalten. Führen Sie jedes Gespräch, das Sie begonnen haben, konzentriert zu Ende.

(Diese Empfehlung bedeutet selbstverständlich nicht, daß Sie ohne sachliche Notwendigkeit endlos bei einem für Sie unerträglichen Gesprächspartner ausharren müssen, in dessen „Gefangenschaft" Sie üblerweise geraten sind. In solchen Fällen haben Sie jedes Anrecht auf eine schnelle und entschlossene Befreiungsaktion!)

Achten Sie besonders an einem Tisch auf Ihre Haltung. Lehnen Sie sich nicht so weit vor, daß Ihr Nachbar den Blickkontakt zu den anderen verliert und von der Diskussion abgeschnitten wird. Es gibt kaum eine Gedankenlosigkeit, die so große Wut auslösen kann.

Beziehen Sie einen neuen Gesprächsteilnehmer sofort mit ein

Es wird oft geschehen, daß ein neuer Partner in Ihre Gesprächsrunde kommt. Es ist ein besonderer Ausdruck von Wertschätzung, wenn Sie alles tun, um ihn schnell in die Unterhaltung einzubeziehen.

Begrüßen Sie ihn mit einem intensiven Augenkontakt und mit einem Lächeln. Setzen Sie das Gespräch nicht einfach fort, wenn Sie an der Reihe sind. Nutzen Sie die Gelegenheit, ihn mit ein oder zwei Sätzen in das aktuelle Thema einzuweihen: „Wir sprechen im Augenblick über ...“

Mit diesem Verhalten helfen Sie ihm sehr. Sie ersparen es ihm, sich in die Diskussion hineinfinden zu müssen. Sie zeigen ihm Ihre Freude über seine Anwesenheit. Sie nehmen ihn „offiziell“ in die Runde auf, so daß er sich ohne „zeitlichen Respektabstand“ sofort an der Unterhaltung beteiligen kann.

* * *

Wie wir gesehen haben, ist Wertschätzung die Basis von Beziehungsintelligenz. Bereits mit der Lieferung von Wertschätzung legen Sie einen großen Weg bei der Entwicklung Ihrer beruflichen und privaten Partner zu Ihren Freunden und Verbündeten zurück. Lassen Sie uns nun genauso eingehend betrachten, welches der zweite große Baustein für „Talent und Brillanz im Umgang mit Menschen“ ist.

V

Versorgen Sie Ihren Partner mit Kraft und Motivation:

Schenken Sie ihm Anerkennung

Der Wunsch nach Anerkennung ist grenzenlos

Es gibt eine zweite große „Dimension“ von Beziehungsintelligenz und eine zweite große „Erfolgsformel“ für die Entwicklung von Kunden und Partnern zu Freunden und Verbündeten: Liefern Sie ernstgemeinte und überzeugende persönliche Anerkennung.

Der Wunsch nach Anerkennung ist ein zentrales Motiv im Leben und Wirtschaftsleben

Wenn man darüber nachdenkt, was Menschen bewegt und zu großen Leistungen anspornt, erkennt man schnell, daß der Wunsch nach Anerkennung immer eine Hauptrolle spielt. Für viele Menschen ist Anerkennung das entscheidende Ziel und ihre innere Triebfeder.

Auch das Streben nach materiellen Ergebnissen ist immer mit dem Streben nach Anerkennung verbunden. Die Gewinnung von Anerkennung hat für einen Menschen oft höheren Wert als die Gewinnung von weiterem materiellen Besitz. Anerkennung gibt es nie genug. Geld kann im Laufe der Jahre auf einem Konto gesammelt werden. Anerkennung muß dagegen täglich neu erworben und bestätigt werden. Ein Tag ohne Anerkennung ist wie ein Tag ohne Licht.

Mit Anerkennung liefern Sie Ihrem beruflichen oder privaten Partner weit mehr als einen freundlichen Kommentar

Für die überwältigende Wirkung von Anerkennung gibt es gute Gründe. Sie ist weit mehr als eine freundliche Bemerkung. Genauso wie Wertschätzung steigert sie das Selbstwertgefühl und das Selbstbewußtsein Ihres Partners. Sie bietet ihm über den sachlichen Anlaß hinaus großen persönlichen Nutzen.

Anerkennung nimmt Ihrem Partner die Zweifel und gibt ihm die Bestätigung, das Richtige zu tun.

Niemand ist sich seiner selbst und der Richtigkeit seiner Handlungen völlig sicher. Nur Menschen mit ausgeprägtem Größenwahn oder Arglose im Geiste kennen keine Selbstzweifel.

Alle anderen überlegen immer wieder, wie gut sie wirklich auf einem bestimmten Gebiet sind, welche Qualität ihre Leistungen haben, ob sie die richtige Entscheidung getroffen haben, wie erfolgreich sie sein werden und ob sich die Dinge so entwickeln, wie sie es erhoffen. Je schwieriger die Zeiten sind, desto häufiger kommen solche Gedanken.

Mit Anerkennung befreien Sie Ihren Partner von seinen Grübeleien. Sie liefern ihm die Bestätigung, etwas Besonderes vollbracht zu haben. Er sieht die Anerkennung als Beweis, daß er sich auf dem richtigen Weg befindet.

Anerkennung bringt Sicherheit.

Fast alle Menschen fürchten sich vor Angriffen auf ihre Persönlichkeit und vor Degradierung. Sie suchen nach einer Methode, mit der sie sich vor der Wirkung von Respektlosigkeit, Rücksichtslosigkeit und Manierenlosigkeit schützen können.

Mit Anerkennung liefern Sie Ihrem Partner das gesuchte Schutzschild. Sie würdigen ihn und seine Leistungen und machen ihn selbstsicher. Sie schaffen ein positives Gegengewicht zu Kritik und Demotivation.

Sie löschen die Negativerlebnisse aus, die er gehabt hat, und helfen ihm, eine emotionale Barriere gegen künftige Angriffe aufzubauen. Wer von seinen Mitmenschen ausreichende Anerkennung erhält, läßt sich durch das Verhalten einzelner Rüpel nicht mehr erschüttern. Er steht über den Dingen.

Anerkennung spendet Ihrem Partner die Kraft für neue Erfolge.

Mit Anerkennung konditionieren Sie Ihren Partner positiv. Sie verändern seine Sicht der Dinge. Sie zeigen ihm, was er bereits an Erfolgen erreicht hat, und lenken seinen Blick auf die Chancen, die noch vor ihm liegen. Er gewinnt den Glauben an sich selbst und an seine Fähigkeit, die kommenden Herausforderungen zu meistern.

Anerkennung ist Motivation in ihrer schönsten Form. Sie ist reine Energie, die sofort in Geist und Körper einzieht und zu neuen Taten beflügelt.

Anerkennung ist ein Basiselement „Besonderer Beziehungen"

Eine professionelle und „gewinnende" persönliche Kommunikation und Zusammenarbeit ist ohne die Lieferung von Anerkennung nicht möglich. Wenn Anerkennung fehlt, dann fehlt auch Wertschätzung. Es fehlt die Grundlage für einen herzlichen, freundschaftlichen und respektvollen Umgang miteinander. Die Freude, die Sie Ihrem Partner mit Anerkennung machen, ist durch nichts zu ersetzen.

Mit Anerkennung gewinnen Sie die Zuneigung Ihres Partners

Wir haben gesehen, wie groß der persönliche Nutzen ist, den Sie Ihrem Partner mit Anerkennung bieten. Sie machen den Kontakt mit Ihnen für ihn zu einem Gewinn und zu einem persönlichen Erfolgserlebnis. Sie liefern ihm Energie, Selbstsicherheit und Motivation.

Mit Anerkennung verändern Sie seine Einstellung zu Ihnen

Ihre Anerkennung ist für Ihren Partner ein Indikator. Er sieht, wie Sie ihn sehen. Sie beweisen ihm, daß Sie das Wahrnehmungsvermögen für seine Fähigkeiten besitzen und daß Sie sich die Mühe machen, in besonderer Weise auf ihn und seine Leistungen einzugehen. Sie vermitteln ihm, daß Sie ihn mögen und daß Sie ihm gegenüber wohlgesonnen sind und nicht gleichgültig oder neidisch.

Ihr Partner erkennt, daß Sie ihm eine Freude machen möchten und daß Sie eine positive Einstellung zu ihm haben. Seine Empfindungen für Sie verändern sich deshalb ebenfalls. Auch von seiner Seite aus entsteht ein Gefühl persönlicher Sympathie. Der Eindruck, den er von Ihnen hat, läßt sich etwa in folgende Worte fassen: „Was für ein aufmerksamer, liebenswürdiger und angenehmer Mensch."

Sie heben sich nachhaltig von allen anderen ab

Anerkennung ist die große Ausnahme. Es wird viel weniger Anerkennung ausgesprochen, als Sie glauben. Wenn Sie es sind, der Ihrem Partner als erster nach längerer Zeit wieder Anerkennung schenkt, dann öffnen Sie ihm die Augen.

Er fühlt, welche Freude Ihr Verhalten bei ihm auslöst. Er beginnt sich zu fragen, warum er nicht auch von seinen anderen Geschäftspartnern oder Bekannten Anerkennung erhält. Er sieht diese Personen plötzlich in einem anderen Licht und erkennt ihr mangelhaftes Verhalten. Er wird wacher. Er achtet auch in Zukunft darauf, wer ihm Anerkennung liefert und wer nicht.

Mit Ihrer Anerkennung demonstrieren Sie ihm den Unterschied im Wesen und Verhalten zwischen Ihnen und allen anderen. Sie werden für ihn zu einer außergewöhnlichen Persönlichkeit.

Ihre Anerkennung verstärkt seinen Wunsch, mit Ihnen zusammenzukommen

Eine gewonnene Anerkennung ist für Ihren Partner ein besonderes Ereignis. Sie prägt sich ihm ein und wirkt weit über den Augenblick hinaus. Er erinnert sich genau, welchen Anlaß eine Anerkennung hatte, wie sie formuliert war und unter welchen Umständen sie zustande kam. Am besten erinnert er sich aber daran, wer sie ihm geliefert hat.

Wem Sie in der Gegenwart Anerkennung schenken, der möchte deshalb auch in Zukunft mit Ihnen zusammensein, um Ihr Verhalten genießen zu können. Dagegen empfindet er den

Gedanken als unerträglich, es mit anderen Menschen zu tun zu bekommen, die ihn übergehen und die seine Leistungen ignorieren.

Mit der Lieferung von Anerkennung gewinnen Sie selbst Kraft und Motivation

Anerkennung wirkt nicht allein positiv auf den, der sie erhält. Sie ist darüber hinaus eine der wirkungsvollsten Methoden, um selbst Kraft und Motivation in der Zusammenarbeit zu erhalten.

Je mehr Anerkennung man anderen gibt, desto mehr Anerkennung erhält man selbst

Überlegen Sie bitte einmal, wie Sie sich selbst fühlen und welche Gedanken Sie haben, wenn Ihnen Anerkennung geliefert wird. Fast alle Menschen reagieren nach demselben Muster. Ihre erste Reaktion ist, sich zu freuen und sich zu bedanken. Ihre zweite Reaktion besteht darin, zu überlegen, wie sie sich revanchieren und ihrem Gegenüber ebenfalls ein Kompliment machen können. Anerkennung wirkt wie ein Geschenk, für das man sich mit einem angemessenen eigenen Präsent bedanken möchte.

Mit Ihrem Verhalten schaffen Sie eine Art positiven „Anerkennungs-Kreislauf".

Ihr Verhalten gibt Ihrem Partner die Möglichkeit und den Ansporn, Ihnen ebenfalls Anerkennung zu schenken. Sehr oft wird er schon von sich aus vorgehabt haben, Ihnen ein bestimmtes Kompliment zu machen. Was ihm aber immer gefehlt hat, war eine aus seiner Sicht passende Gelegenheit.

Mit Ihrer Anerkennung machen Sie ihn sehfähig und aufgeschlossen für das, was Sie selbst leisten. Sie lenken seinen Blick auf etwas Positives. Sie liefern ihm den Antrieb, sich auch mit Ihren Leistungen zu beschäftigen.

Er möchte nicht sofort wieder zur Tagesordnung übergehen, sondern den Moment so lange wie möglich genießen. Dadurch, daß er sich bei Ihnen mit einer „Gegen-Anerkennung" revanchiert, bleibt seine positive Stimmung erhalten. Das, was Sie ihm gesagt haben, schwingt in seinen Gedanken immer mit.

Er hat deshalb Freude daran, Ihnen ebenfalls ein Kompliment zu machen. Selbst wenn er einmal nicht sofort eine Antwort parat hat, speichert er sein Vorhaben. Er kommt mit Sicherheit wieder darauf zurück.

Sie erhalten echte Anerkennung.

Seine Anerkennung für Sie ist ernst gemeint und geht in die Tiefe. Es ist keine oberflächliche Schmeichelei, mit der er aus reiner Höflichkeit antwortet.

Er möchte mit seiner Anerkennung nicht hinter Ihnen zurückbleiben. Er will keine Floskel liefern, sondern ebenfalls eine substanzreiche, inhaltlich richtige Aussage. Er denkt deshalb intensiv darüber nach, auf welchen Gebieten Sie besondere Leistungen erbringen und was ihm an Ihnen besonders gefällt. Das Ergebnis, das er dann äußert, entspricht seinen Überlegungen und Überzeugungen.

Mit der Lieferung von Anerkennung erhöhen Sie Ihre persönliche Ausstrahlung

Es gibt immer zwei Arten, Menschen zu sehen und zu behandeln, eine wohlmeinende und eine abwertende. Mit der Lieferung von Anerkennung entscheiden Sie sich für die erste. Sie beschäftigen sich mit den vorteilhaften Eigenschaften anderer. Sie konditionieren sich selbst für eine motivierende Kommunikation und Zusammenarbeit und gewinnen aus Sicht Dritter massiv an Charme und Liebenswürdigkeit.

Wenn Sie Anerkennung liefern, verbessern Sie automatisch Ihre eigene Stimmung. Sie werden immer geübter und besser darin werden. Ihre Sehfähigkeit für besondere Leistungen wird zunehmen. Sie werden „Bestformulierungen“ für Ihre Anerkennungstexte entwickeln. Je selbstverständlicher und natürlicher Sie überzeugende Anerkennung liefern, desto größer wird Ihre positive Ausstrahlung.

Lassen Sie uns in den folgenden Kapiteln sehen, was Beziehungsintelligenz auf dem Gebiet der Anerkennung im einzelnen bedeutet und mit welchem Verhalten und welchen Maßnahmen Sie die Qualität Ihrer Beziehungen weiter verbessern können.

Beseitigen Sie das Anerkennungs-Defizit

Eine Erkenntnis haben wir bereits gehört: Es wird weit weniger Anerkennung ausgesprochen, als man glaubt. Es gibt kaum ein Bedürfnis, das so ausgeprägt ist und das so wenig berücksichtigt wird. Das erste Erfolgsprinzip lautet deshalb: Beseitigen Sie das Anerkennungs-Defizit.

Die Hauptursache mangelnder Anerkennung ist die Sucht, andere zu kritisieren

Kritik überwiegt Anerkennung bei weitem. Kritik wird geäußert, Anerkennung wird verschwiegen. Kritik ist die Norm, Anerkennung die Ausnahme.

Jeder, auch der größte Nichtstuer, kann einen negativen Kommentar abgeben. Da es im Leben niemals ein „absolut perfektes, für alle Zeiten unübertreffliches Ergebnis“ gibt, läßt sich selbst an der größten Meisterleistung noch etwas aussetzen.

Der Kritiker hat es immer einfach. Er kann andere beurteilen und sich über andere erheben. Er macht sich selbst zum Richter und drängt den anderen automatisch in die Defensive. Er muß sich nur auf das *Was* beziehen. Er muß sich nie zum *Wie*, zur Realisierung, äußern. Er braucht auch nicht an der eigentlichen Arbeit mitzuwirken. Er kann nachträglich erklären, was alles hätte besser gemacht werden müssen.

Besonders in Deutschland scheinen die Kritiker zu überwiegen

Besonders in Deutschland scheint oftmals eine eigentümliche Einstellung zu herrschen. Kritisieren gilt als Tugend und Loben als Zeichen von Schwäche. Nur wer kritisiert, erhält Aufmerksamkeit und Beifall. Der Hinweis auf vermeintliche Mängel wird als Ausdruck von Kompetenz und Einfallsreichtum betrachtet.

Das Positive wird als Selbstverständlichkeit angesehen und übergangen. Es lohnt sich allein der Hinweis auf das Negative. Wenn die deutsche Nationalmannschaft ein WM-Finale mit fünf zu eins gewinnt, wird ihr Trainer anschließend gefragt, ob das Gegentor nicht hätte vermieden werden können.

Das Recht zu kritisieren gilt als fest verbrieft. Wenn sich jemand durch kleinkarierte oder überzogene Kritik verletzt fühlt, wird ihm anschließend noch vorgehalten, er müsse sich an „konstruktive“ Kritik gewöhnen, andernfalls sei seine „Kritikfähigkeit“ offenbar unterentwickelt.

Wer Anerkennung liefert, gilt dagegen als Unbedarfter im Geiste. Ihm wird erklärt, daß das Positive im Verhältnis zum Negativen doch völlig unbedeutend sei. Ihm wird unterstellt, daß er unfähig sei, die wahren Verhältnisse zu erkennen. Herzliche Anerkennung wird als Heuchelei oder Schönfärberei diffamiert.

Beseitigen Sie das

Anerkennungs-Defizit

Es gibt kaum ein Bedürfnis, das so ausgeprägt ist und das so wenig berücksichtigt wird.

Der Wunsch nach Anerkennung ist

← grenzenlos →

STEFAN F. GROSS - ERFOLGSFORMEL

Der wahre Hintergrund sind Egoismus und Gleichgültigkeit

Selbstverständlich muß bei jeder Zusammenarbeit auch die Möglichkeit zu Kritik und einer kontroversen Diskussion bestehen. Ohne kritische Gedanken würde es keine Verbesserungen geben. Eine sachliche, begründete, aber in ihrer Form höfliche und respektvolle Kritik wird jeder verstehen und akzeptieren. Sie kann ein großer Gewinn sein.

Oftmals haben die Dominanz von Kritik und die verbreitete Anerkennungs-Unfähigkeit aber andere Gründe. Viele Menschen haben nur Interesse an sich selbst und an ihrem eigenen Wohlergehen. Ihnen fehlt jede Achtung vor der Persönlichkeit des anderen, vor seinen Fähigkeiten und vor seinen Leistungen. Es sind Ursachen wie Egoismus, Desinteresse und mangelnde Sensibilität, die Anerkennung verhindern.

Schwimmen Sie gegen den Strom

Viele Menschen sind entschlossen, ideenreich und konsequent bei der Äußerung von Kritik und gleichzeitig zögernd, einfallslos und halbherzig bei der Äußerung von Anerkennung.

Verhalten Sie sich anders, beruflich und privat. Lassen Sie sich nicht anstecken von der Unfähigkeit und dem Unwillen, anderen Personen Anerkennung zu liefern. Das Liefern von Anerkennung ist immer ein Zeichen von Stärke und deklariert Sie als souveräne Persönlichkeit. Die Fähigkeit zu kritisieren besitzt jeder, die Fähigkeit zu loben haben nur wenige. Um wirklich erfolgreich sein zu können, benötigt man beide.

Erhöhen Sie Ihre Entschlossenheit

Anerkennung beruht auf Mut und Entschlossenheit. Je selbstsicherer ein Mensch ist, desto größer sind seine Fähigkeit und seine Freude, anderen Anerkennung zu liefern.

Es gibt viele Menschen, die nur deshalb keine Anerkennung liefern, weil sie sich nicht trauen und weil sie fürchten, etwas Falsches zu sagen. Sie setzen immer wieder einmal zu einem herzlichen Kompliment an, das ihnen dann aber doch nicht über die Lippen kommt.

Achten Sie deshalb bei sich auf eine mögliche Selbstblockade dieser Art

Lähmen Sie sich nicht selbst. Befreien Sie sich von allen Befürchtungen, mit denen Sie sich selbst daran hindern, entschlossen und gelöst Anerkennungen auszusprechen. Lassen Sie uns sehen, um welche Befürchtungen es sich im einzelnen handeln könnte.

Man befürchtet, nur unzureichende Worte zu finden.

Man glaubt, man könne nicht ausdrücken, was man gerne sagen möchte. Man befürchtet, eine falsche Formulierung zu wählen, eine reine Floskel zu äußern oder etwas Oberflächliches zu sagen, das dem Anlaß des Komplimentes nicht angemessen ist.

Man denkt, daß die ernstgemeinte Anerkennung vom anderen falsch aufgefaßt werden könnte.

Man befürchtet, daß ein aus Überzeugung geäußertes Kompliment vom anderen beispielsweise als berechnende Schmeichelei oder als Anbiederung interpretiert werden könnte. Es besteht die Furcht, der andere könne einen nachteiligen Eindruck gewinnen, nach dem Motto „Das sagt er jedem, das sagt er mir nur, um einen Vorteil zu gewinnen".

Man glaubt, es gehöre sich nicht, ein Lob auszusprechen.

Anerkennung ist stets mit Lob verbunden. Ein Lob beruht aber immer auf einer vorausgegangenen Beurteilung. Oft hat man deshalb die Sorge, daß ein Kompliment vom anderen als respektlos betrachtet werden könnte, besonders wenn es sich um einen älteren und erfahrenen Kunden oder Partner handelt. Man befürchtet, der andere verbittet sich jedes Urteil, auch ein positives. Auch hier besteht die Grundbefürchtung darin, den anderen zu verärgern, anstatt ihn zu erfreuen.

Man befürchtet, sich selbst zu degradieren.

Man glaubt, zu beflissen zu wirken und sich damit in den Augen des anderen selbst herabzusetzen, nach dem Motto „Der hat es nötig". Man verwechselt Bemühtheit mit Beflissenheit.

Alle diese Sorgen sind völlig unbegründet

Lassen Sie sich durch die beschriebenen Befürchtungen niemals beirren. Keiner dieser Gedanken lohnt sich. Erinnern Sie sich daran, wie groß der Nutzen einer Anerkennung für Ihren

Partner ist. Zweifeln Sie deshalb nicht am Erfolg und an der positiven Wirkung.

Halten Sie sich anstelle dessen die Realität vor Augen. Fragen Sie sich, wer Ihrem beruflichen oder privaten Partner außer Ihnen Anerkennung liefert: Seine Kollegen? Seine Mitarbeiter? Seine Kunden? Sein Steuerberater? Seine Kinder? Seine Frau? Sein Anwalt?

In seinem Umfeld hat Ihr Partner nur wenige Menschen, die ihm offen Anerkennung schenken. Die Zahl seiner Kritiker ist weit größer. Überlegen Sie beispielsweise, wie viele Kunden sich üblicherweise für eine gelungene Leistung mit einem Kompliment bedanken und wie viele dagegen bereits beim ersten Problem mit einer deutlichen Beschwerde reagieren.

Eine echte Anerkennung ist ein so außergewöhnliches Ereignis, daß sie immer Erfolg haben wird. Zögern Sie deshalb nicht. Sprechen Sie den positiven Gedanken aus, der Ihnen über einen Partner in den Sinn kommt. Warten Sie nicht so lange, bis die Gelegenheit verstrichen ist oder ein anderer die Chance nutzt. Es ist wenig tröstlich, wenn man sich nach einer verpaßten Gelegenheit nur noch sagen kann: „Das habe ich auch gedacht, hätte ich es doch nur ausgesprochen …“

Organisieren Sie die Ideengewinnung

Machen Sie Anerkennung zu einem festen Bestandteil Ihrer täglichen Kommunikation und Zusammenarbeit. Organisieren Sie sich für diese Aufgabe. Handeln Sie aktiv, und überlassen Sie es nicht dem Zufall, ob Ihnen in einer bestimmten Situation ein passender Gedanke kommt. Sammeln Sie systematisch Ideen und Anknüpfungspunkte.

Analysieren Sie die Erfolge Ihres Kunden oder Partners

Erfolge Ihres Partners bieten vorzügliche Gelegenheiten für Anerkennung. Der Arbeitsdruck und die Geschwindigkeit von Veränderungen sind im Berufsleben aber so hoch, daß die Gefahr besteht, daß seine Leistungen untergehen und unerwähnt bleiben. Nehmen Sie sich deshalb die Zeit, und denken Sie in Ruhe darüber nach, welche Erfolge Ihres Partners Sie hervorheben könnten. Stellen Sie sich hierzu bitte einmal folgende Fragen:

★ *Was hat der betreffende Partner beruflich erreicht, in seinem Unternehmen, bei seinen Kunden oder in bezug auf seine Produkte?*

★ *Was hat er Besonderes getan?*

★ *Wo liegen seine persönlichen Stärken?*

★ *Wodurch hebt er sich von den meisten anderen ab?*

Sprechen Sie seine Leistungen gezielt an. Sagen Sie ihm, was Ihnen besonders imponiert und was ihn aus Ihrer Sicht einmalig macht.

Entwickeln Sie eine Anerkennungs-Ideenliste

Viele Gelegenheiten für Anerkennung werden schlichtweg übersehen. Machen Sie deshalb einen zweiten Schritt für die Systematisierung Ihrer Ideengewinnung. Entwickeln Sie für jeden Ihrer wichtigen Partner eine Anerkennungs-Ideenliste. Halten Sie auf ihr fest, wozu Sie dem betreffenden Partner gratulieren können. Aktualisieren Sie die Liste regelmäßig. Notieren Sie sich in der Gegenwart, wozu Sie ihm in der Zukunft möglicherweise ein Kompliment machen können. Die folgenden Fragen und Themen helfen Ihnen hierbei:

- ★ *Welche Ergebnisse hat er erzielt, besonders in der Zusammenarbeit mit Ihnen?*
- ★ *Welche Probleme hat er gelöst, von denen er Ihnen einmal berichtet hat oder für die andere vergeblich eine Lösung gesucht haben?*
- ★ *Welche guten Ideen hat er gehabt und umgesetzt?*
- ★ *Welche seiner Prognosen waren richtig, obwohl viele Experten andere Ergebnisse und Entwicklungen vorhergesagt hatten?*
- ★ *Welche besonderen Daten der Zusammenarbeit gibt es, die ein spezielles Kompliment ermöglichen?*

Je häufiger Sie auf Ideensuche gehen, desto erfolgreicher werden Sie

Je öfter Sie über Erfolge Ihrer Partner nachdenken und je häufiger Sie mit einer entsprechenden Ideenliste arbeiten, desto schneller werden Ihnen Gelegenheiten für eine gezielte Anerkennung einfallen. Hierbei kommt es selbstverständlich nicht darauf an, bei einem bestimmten Partner einen „Overkill" zu machen und ihn zweimal täglich zu festen Uhrzeiten mit einem Kompliment zu beglücken.

Der entscheidende Nutzen der beschriebenen Überlegungen liegt auf anderen Gebieten. Es sind „Instrumente", mit denen Sie Ihre Kreativität und Entschlossenheit auf dem Feld der Anerkennung erhöhen. Sie übersehen nichts mehr. Sie nutzen die Gelegenheiten, bei denen eine Anerkennung besondere Wirkung hat. Sie denken automatisch intensiver über einen Partner nach. Sie zeigen ihm, daß Sie die zentralen Ereignisse und Daten der Zusammenarbeit kennen. Sie verbinden Anerkennung mit Wertschätzung.

Nutzen Sie die täglichen Ereignisse

Machen Sie nicht den Fehler, auf eine Jahrhundert-Gelegenheit oder auf ein Weltereignis biblischen Ausmaßes zu warten, um anderen Menschen Anerkennung zu liefern. Anlässe dieser Art gibt es zu selten. Nutzen Sie vielmehr die vielen Gelegenheiten, die sich im täglichen Umgang miteinander ergeben.

Nutzen Sie auch kleine Anlässe

Zögern Sie niemals mit einer herzlichen Anerkennung oder einem freundlichen Wort, weil Sie glauben, der Anlaß sei zu geringfügig. Eine kleine Bemerkung wiegt im normalen Leben oft genauso schwer wie eine große Laudatio. Die Tatsache, daß die betreffende Anerkennung ausgesprochen wird, ist das eigentlich Entscheidende. Ein Kompliment wird immer geschätzt.

Nehmen Sie als Beispiel den Bereich persönlicher Eigenschaften. Denken Sie an sich selbst und wie sehr Sie sich freuen, wenn ein Partner eine liebenswürdige Bemerkung über Ihren guten Geschmack, über Ihr Aussehen oder über Ihre Geistesgegenwart macht. Überlegen Sie deshalb, mit welcher Anerkennung Sie jemandem eine kleine, aber belebende und motivierende Freude machen können. Welche Ansatzpunkte haben Sie, worauf können Sie eingehen?

★ *Hat er einen besonders interessanten Namen oder Vornamen?*

★ *Besitzt er eine außergewöhnlich schöne Handschrift?*

★ *Kleidet er sich eleganter als alle anderen?*

- ★ *Besitzt er einen Gegenstand, auf den er zu Recht stolz ist?*
- ★ *Ist er ein überdurchschnittlich guter Gastgeber?*
- ★ *Besitzt er besondere Kenntnisse und Fähigkeiten, mit denen er seine Mitmenschen erfreut?*

Zeigen Sie Hochachtung für professionelle Leistungen bei normalen Tätigkeiten

Es gibt einen zweiten großen Bereich für die Lieferung von Anerkennung im täglichen Umgang miteinander: Gehen Sie auch bei den sogenannten „normalen" Aufgaben und Tätigkeiten auf professionelles Verhalten und überdurchschnittlichen persönlichen Einsatz ein.

Bestleistungen beim „Normalen" finden zu wenig Beachtung.

Anerkennung wird üblicherweise für außergewöhnliche Aktionen oder bei Ausnahmeereignissen geliefert. Es gibt sie für das Besondere oder Einmalige. Gute Ergebnisse bei alltäglichen Aufgaben gelten dagegen als selbstverständlich und werden nicht weiter beachtet.

Jeder Profi weiß aber, wie schwierig es ist, dauerhaft gute Leistungen bei den üblichen, nicht spektakulären Tätigkeiten zu erbringen. Er weiß, welche Umsicht, welche Sorgfalt und welches Engagement nötig sind und wie viele Faktoren auch bei Standardaufgaben den Erfolg bestimmen.

Große Ausnahmeaktionen können meist mit einem Kraftakt realisiert werden. Alle Ressourcen werden auf das eine Ereignis gelenkt. Die täglich anfallenden Aufgaben müssen dagegen dauerhaft auf hohem Niveau erbracht werden, oft unter unvollkommenen Bedingungen. Bei einem außergewöhnlichen Ereignis genügt möglicherweise das Spektakuläre, um einen guten Eindruck zu machen. Bei normalen Arbeiten lenkt nichts von der wahren Qualität ab.

Liefern Sie Ihrem Partner deshalb auch Anerkennung für sein Verhalten im Rahmen der täglichen Arbeit und Zusammenarbeit.

Gehen Sie beispielsweise auf Tugenden wie Zuverlässigkeit, Schnelligkeit und Hilfsbereitschaft ein. Sagen Sie ihm, wie sehr Sie bei Verabredungen seine Pünktlichkeit oder bei Informationen seine Präzision bewundern. Heben Sie hervor, was andere übersehen und was doch eine besondere Leistung ist.

Hierzu ein Beispiel: Die Mitarbeiterin einer Druckerei erhält einen Anruf von der Grafikerin einer Werbeagentur, der sie die sogenannten Korrekturabzüge von den Druckfilmen für einen Werbeprospekt zugeschickt hatte. Die Grafikerin erklärt ihr, daß die Abzüge auf einer Seite eine winzige Abweichung von der Vorlage aufweisen, und bittet um eine entsprechende Änderung.

Die Mitarbeiterin der Druckerei beklagt sich nicht über die Mühe der Änderung und beginnt auch nicht mit überflüssigen Erklärungen. Statt dessen überrascht sie die Kundin mit einer Anerkennung: „Ich muß Ihnen wirklich ein Kompliment machen. Bei uns achten zwei Personen auf jedes Detail, aber Sie haben offensichtlich einen noch schärferen Blick als wir. Das ist wirklich ungewöhnlich.“ Anschließend bedankt sie sich und verspricht die erforderliche Korrektur.

Die Freude, die Sie mit einem Kompliment für Alltägliches auslösen, ist groß.

Für Ihren Partner kommt eine Anerkennung auf diesem Gebiet völlig unerwartet. Er erkennt Ihre Aufmerksamkeit und Ihr Urteilsvermögen. Er sieht, daß Sie ihm gerade bei den Aufgaben ein Kompliment machen, die in seiner täglichen Arbeit am häufigsten auftauchen. Eine regelmäßige Anerkennung dieser Qualität wirkt auf ihn stärker und überzeugender als ein riesiger, aber einmaliger Anerkennungs-Kraftakt.

Zeigen Sie deshalb nicht allein im beruflichen, sondern auch im privaten Bereich häufiger Anerkennung für die normalen Dinge des Lebens. Besonders hier gibt es geeignete Anlässe fast wie Sand am Meer, und besonders hier wird eine Chance nach der anderen vertan.

Würdigen Sie die großen Leistungen

Es gibt einen zweiten großen Anerkennungsbereich, der massiv übergangen wird, möglicherweise noch mehr als die „alltäglichen" Geschehnisse. Es ist die Anerkennung für die ganz großen Leistungen eines Menschen.

Die wichtigsten Leistungen werden kaum gewürdigt

Selbstverständlich gibt es Ausnahmen, beispielsweise im Sportbereich, wo sich die wirklichen Stars vor Fans und Fernsehauftritten kaum mehr retten können. Im normalen Leben, besonders im Wirtschaftsleben, sieht die Sache aber anders aus.

Hier gibt es ein Anerkennungs-Paradox. Je größer die Erfolge eines Menschen sind, desto weniger Anerkennung erhält er im Verhältnis zu seinen Leistungen. Lassen Sie uns sehen, wo die Hauptgründe liegen.

Die meisten Menschen glauben, der andere habe die Anerkennung nicht mehr nötig.

Sie glauben, daß eine besonders erfolgreiche Person mit Anerkennung überhäuft wird und daß ihr die Komplimente nur so um die Ohren gehauen werden. Es entsteht der Irrglaube: „Das weiß er selbst, das weiß er längst, das sagt ihm jeder, das kann er nicht mehr hören."

Das Gegenteil ist der Fall. Weil jeder befürchtet, etwas zu sagen, was der andere täglich hört, sagt es schließlich niemand.

Die Situation erinnert an das Beispiel der schönen Frau, die niemals Komplimente bekommt, weil jeder glaubt, sie hätte an diesem Tag bereits zehn erhalten.

Große Leistungen sind oft schwierig in Worte zu fassen.

Bei normalen Unterhaltungen und Tagesthemen fällt es schwer, den Bezug zu den großen Leistungen des anderen herzustellen. Besonders wenn es sich um eine Art „Lebensleistung“ handelt, gibt es selten Anlässe, die eine Anerkennung „wie von selbst“ ermöglichen.

Gleichzeitig entsteht die erwähnte Befürchtung, nicht die angemessenen Worte zu finden. Hinzu tritt noch die Sorge, etwas anzusprechen, was der andere im Verhältnis zu seinen eigentlichen Taten als Kleinigkeit oder als Trivialität betrachtet. Am Ende unterbleibt dann jede positive Bemerkung.

Der dritte Grund sind persönliche Hemmungen.

Oft fühlen sich Menschen gehemmt, wenn Sie einer überdurchschnittlich erfolgreichen Person gegenüberstehen. Sie trauen sich nicht, etwas Positives zu äußern, weil Sie denken, daß ihnen hierzu möglicherweise die Kompetenz oder die Sprachgewalt fehlen.

Beides sind völlig unbegründete Überlegungen. Erstens benötigt man keine wissenschaftliche Ausbildung, um etwas Kluges und Freundliches über die Leistungen eines anderen Menschen zu sagen. Zweitens erwartet niemand Formulierungen, die zu Hauptwerken deutscher Dichtkunst und zu Standardtexten deutscher Lesebücher werden.

Ein Beispiel zeigt die übliche Lage:

Ein älterer, bedeutender und bekannter Unternehmer stellt bei einer abendlichen Einladung seine Biographie vor, die er zusammen mit einem befreundeten Journalisten geschrieben hat. Das Buch enthält die überaus erfolgreiche Geschichte seiner Unternehmensgruppe und beschreibt sein beeindruckendes Lebenswerk. Er hat mit seinen Leistungen die Welt in seiner Branche völlig verändert.

Am Ende der kurzen Lesung sind alle Gäste und Journalisten begeistert und klatschen Beifall. Der erste, der etwas sagt, ist aber ein Kritiker. Er erklärt ausführlich, daß im Buch der Hinweis fehle, daß der Unternehmer die persönliche Führung seiner Organisation inzwischen in andere Hände gelegt habe. Er interpretiert diese Entwicklung als „Eingeständnis des Scheiterns" und läßt sich auch nicht durch den Hinweis beruhigen, daß die folgende Buchauflage diese kurzfristig eingetretene Entwicklung berücksichtigen wird.

Alle anderen Zuhörer schütteln nur den Kopf. Bevor der Unternehmer richtig antworten kann, erhebt sich ein anderer Gast: „Bevor Sie sich zum ersten Beitrag äußern, möchte ich Ihnen eine Frage stellen: Wissen Sie eigentlich, wie vielen Millionen Menschen Sie mit Ihren Dienstleistungen geholfen haben und wie viele Millionen Menschen sich über Ihre Produkte gefreut haben? Ich jedenfalls möchte Ihnen herzlich für das danken, was Sie für mich und die vielen anderen getan und geschaffen haben."

Dem Unternehmer treten fast die Tränen in die Augen: „Diese Frage hat mir in vierzig Jahren noch nie jemand gestellt. Vielen Dank!"

Kaum ist die Pressekonferenz beendet, kommt der Unternehmer auf den betreffenden Gast zu: „Ich möchte Ihnen nochmals für das danken, was Sie gesagt haben. Das habe ich in all den Jahren von keinem anderen gehört, nicht von meinen Partnern und nicht von Fremden. Sie haben mir eine außerordentliche Freude gemacht.“ Dann beginnen beide bei einer Flasche Wein auszurechnen, wie viele zufriedene Kunden der Unternehmer wohl in der langen Zeit seiner Tätigkeit gehabt hat.

Beseitigen Sie deshalb den Anerkennungs-Widerstand

Sprechen Sie auch die großen Leistungen Ihres Kunden oder Partners an, und gehen Sie von sich aus auf das Thema ein. Nutzen Sie einen Moment der Ruhe: „Bitte erlauben Sie mir, Ihnen einmal etwas Grundsätzliches zu sagen, über das ich schon lange nachgedacht habe. Ich bin wirklich davon beeindruckt, was Sie ...“

Schulen Sie Ihre Wahrnehmungsfähigkeit für das, worauf er wirklich stolz ist und was den Kern seiner eigentlichen Leistung ausmacht. Meistens wird seine wahre Leistung nicht nur verschwiegen, sondern gar nicht erst richtig erkannt. Erwähnen Sie nicht nur Zahlen, sondern seine speziellen persönlichen Eigenarten und den Nutzen, den er mit seinen Leistungen anderen Menschen geboten hat und immer noch bietet.

Sie werden von Ihrem Partner in fast allen Fällen eine ähnliche Reaktion erhalten: „Sie sind der erste, der mir das jemals gesagt hat, Sie sind der erste, der das überhaupt erfaßt hat.“

GFT

Anerkennungs-Kunst

Wahrnehmungsfähigkeit und Empfinden für seine wahren Leistungen

- Worauf ist Ihr Partner wirklich stolz?
- Wofür hat er noch nie angemessene Anerkennung erhalten?

Sie sind der erste,

- **der mir das sagt,**
- **der das erkannt hat.**

STEFAN F. GROSS - ERFOLGSFORMEL
© GFT München

Bestätigen Sie Ihre Glaubwürdigkeit

Ihr Partner hat ein gutes Gespür dafür, welche Qualität Ihre Anerkennung wirklich hat. Er erkennt echte, ernstgemeinte Anerkennung genauso wie gekünstelte Komplimente. Gespielte Anerkennung wird von ihm durchschaut, wenn nicht beim ersten Mal, so doch sicher auf Dauer.

Dennoch gibt es, wie auf allen Gebieten menschlichen Handelns, auch hier konkrete Regeln, die über die Wirkung und den Erfolg Ihres Verhaltens entscheiden. Lassen Sie uns deshalb betrachten, welche Verhaltensweisen und Maßnahmen die Glaubwürdigkeit und die positive Wirkung Ihrer Anerkennung verstärken und welche Fehler das Gegenteil bewirken.

Die Basisregel lautet: Liefern Sie überzeugende Komplimente statt belangloser Floskeln, um zu zeigen, daß Ihre Anerkennung ernst gemeint ist und von Herzen kommt.

Werden Sie so speziell wie möglich

Sagen Sie Ihrem Partner ganz konkret, was Sie an ihm beeindruckt. Je spezieller Ihre Aussage ist, desto deutlicher zeigen Sie ihm, daß Sie über ihn nachgedacht haben und daß Sie wissen, was Sie sagen.

Nennen Sie ihm ein Beispiel für das Verhalten, das Sie an ihm schätzen. Erwähnen Sie ein bestimmtes Ereignis oder eine bestimmte Aussage: „Ich erinnere mich noch gut an Ihre Entscheidung, mit der Sie Ihren Erfolg auf diesem Gebiet um zwanzig Prozent gesteigert haben ..."

Liefern Sie ihm eine Begründung für Ihr positives Urteil. Sagen Sie nicht allein, *was* Sie als bemerkenswert betrachten, sondern auch *weshalb*: „Sie waren damals der einzige, der vorhergesehen hat, daß …“

Versuchen Sie, Ihre Aussage mit einem zahlenmäßigen Beweis zu unterstützen: „Ich habe einmal errechnet, wieviel Zeit Sie mit dieser Maßnahme sparen, es sind …“

Übertreiben Sie es nicht

Achten Sie auf Ausgewogenheit zwischen dem Anlaß einer Anerkennung und ihrem Umfang. Brechen Sie nicht bei einer Winzigkeit in endlose Lobeshymnen aus. Überschlagen Sie sich nicht bei Nebensächlichkeiten.

Übertreiben Sie auch nicht inhaltlich. Bringen Sie keine unangemessenen Superlative. Sagen Sie Ihrem Gastgeber nicht „Das ist der beste Wein aller Zeiten“, wenn Sie gerade gesehen haben, daß er ihn aus einer Fünf-Liter-Flasche eingeschenkt hat.

Vermeiden Sie jeden Eindruck von Routine. Machen Sie Ihrem Partner häufiger als bisher Komplimente, aber nicht in jedem Gespräch, insbesondere dann nicht, wenn Sie ihn oft sehen. Machen Sie ihm vor allem nicht jedesmal das gleiche Kompliment.

Achten Sie auch bei Anerkennung auf Individualität

Liefern Sie nicht allen Partnern in gleicher Weise Anerkennung für die gleichen Leistungen. Suchen Sie sich nicht drei Anlässe, die Sie dann für alle Zeiten und bei jeder Gelegenheit aktivieren. Verhindern Sie Kommentare wie „Das sagt er jedem".

Machen Sie in einer Gruppe niemandem ein Kompliment, das Sie einem anderen Anwesenden vor kurzer Zeit ebenfalls gemacht haben. Überlegen Sie bei jedem Partner, welche Nuancen seines Verhaltens ihn von anderen abheben und was Sie bei ihm stärker betonen können als bei allen anderen.

Knüpfen Sie an eine passende Gelegenheit an

Schießen Sie nicht völlig unvermittelt und völlig beziehungslos eine Anerkennung ab. Binden Sie Ihre Aussage in Ihr Gespräch ein. Achten Sie darauf, wo Sie einhaken und worauf Sie sich beziehen können, um dem anderen ein Kompliment zu machen: Ein Thema, über das er spricht, ein Ereignis, das er nennt, eine Zahl oder ein Ergebnis, die er präsentiert.

Sollte er Ihnen kein Stichwort liefern, dann schaffen Sie selbst eine geeignete Einleitung, mit der Sie ihn auf Ihr Kompliment einstimmen. Beginnen Sie Ihre Anerkennung mit einer behutsamen Formulierung:

„Bitte erlauben Sie mir, Ihnen folgendes zu sagen …"

„Ich habe oft darüber nachgedacht, ob ich Ihnen vielleicht einmal ein Kompliment machen darf…"

Ein Einleitungstext dieser Art hat zwei weitere große Nutzen. Er erhöht die Aufmerksamkeit des anderen. Er macht Ihre Aussage verbindlicher und zeigt von Anfang an, daß Sie es ernst meinen.

Besonders in bezug auf Ihre Glaubwürdigkeit spielt der Stil eine große Rolle

Es kommt nicht allein darauf an, *was* Sie sagen, sondern auch *wie* Sie es sagen. Entscheidend sind Ihre Sprache und Körpersprache und das Maß an Herzlichkeit und Freundlichkeit, mit dem Sie sich äußern. Es sind Indikatoren für Ihre Überzeugung und innere Anteilnahme.

Blicken Sie Ihrem Gegenüber in die Augen. Lächeln Sie einen Moment. Passen Sie Ihren Tonfall dem Ereignis an. Sprechen Sie deutlich, entschlossen und laut genug. Murmeln Sie Ihr Kompliment nicht vor sich hin.

Vermeiden Sie eine gelangweilte Einleitung, mit der aus Ihrer Anerkennung eine lästige Pflichtübung wird: „Übrigens, ich wollte Ihnen mal sagen ..."

Schütteln Sie, wenn es paßt, Ihrem Partner die Hand, oder berühren Sie ihn kurz am Arm. Schaffen Sie einen Moment gefühlsmäßiger Verbundenheit.

Konzentrieren Sie sich auf den Augenblick

Die Gelegenheit zu einer Anerkennung ergibt sich fast immer in einem persönlichen Gespräch. Sicher werden Sie die Unterhaltung in den meisten Fällen auch für andere Themen nutzen.

Der Akt der Anerkennung sollte aber immer für sich allein stehen. Seine Wirkung ist um so größer, je mehr Sie sich auf den Augenblick konzentrieren und je weniger Sie tun oder sagen, was ablenkt.

Flechten Sie deshalb kein zusätzliches, zweites Thema in Ihre Aussage mit ein. Schaffen Sie eine Gesprächsphase, in der es nur um die Anerkennung geht und um nichts anderes.

Lassen Sie Ihre Aussage nachwirken. Zerstören Sie nicht den Moment der Freude, indem Sie sofort zum nächsten Gedanken springen.

Verknüpfen Sie Ihre Anerkennung nicht mit nüchternen Sachthemen, die bei einer anderen Gelegenheit besser aufgehoben wären. Sollte die Anerkennung in ein Informations- oder Verkaufsgespräch eingebunden sein, dann lassen Sie etwas Zeit verstreichen, bevor Sie mit Ihren fachlichen Themen weitermachen. Verhindern Sie den Eindruck, Ihre Komplimente seien nur der Wegbereiter für die Präsentation Ihrer eigentlichen Anliegen.

Beenden Sie das Gespräch nicht mit einem trivialen Gedanken, der die Atmosphäre zerstört und der von der Sache her völlig überflüssig ist: „Was mir gerade noch einfällt, wir müßten irgendwann einmal auch ...“ Anerkennung wirkt am stärksten allein!

Vermeiden Sie Relativierungen

Es gibt einen Grundfehler, den die meisten Menschen machen, wenn sie anderen Personen Anerkennung liefern: Sie relativieren ihre Aussage. Sie liefern kein uneingeschränktes Lob für eine bestimmte Leistung, sondern fügen eine Bemerkung an oder wählen eine Formulierung, die ihrer Aussage einen Großteil der Wirkung nimmt.

Besonders bei großen Leistungen wird Anerkennung fast immer mit Kritik verbunden

Je größer eine Leistung ist, desto mehr scheinen sich die Menschen verpflichtet zu fühlen, keine Anerkennung, sondern ein „Urteil" liefern zu müssen. Sie können es nicht ertragen, nur Positives zu sagen, und suchen nach der einen Schwachstelle, die immer zu finden sein wird.

Gleichzeitig mißbrauchen sie den Akt der Anerkennung zur Selbstdarstellung. Sie glauben sich profilieren zu können, indem sie mit einem negativen Kommentar ihre „kritische Einstellung" beweisen: „Sie haben in Ihrem Leben immer Erfolg gehabt, aber einmal, beim Schneesturm von 1962, da hat Ihr Unternehmen einen Rückschlag erlitten, aber niemand ist eben vollkommen ..."

Schränken Sie Ihre Anerkennung deshalb nicht ein

Das beschriebene Verhalten ist kein Beweis großer Beziehungsintelligenz, im Gegenteil. Jede Relativierung, sei sie auch noch so klein, hinterläßt einen schlechten Nachgeschmack und einen Makel.

Sie wirkt wie ein schwarzer Fleck auf einer weißen Decke. Sie lenkt von der Hauptsache ab und rückt automatisch die negativen Elemente ins Blickfeld. Sie nimmt der Anerkennung die Wirkung und raubt dem Empfänger jede Freude an dem, was Positives über ihn gesagt wird. Er denkt nur noch darüber nach, weshalb ein solcher Zusatzkommentar kommen mußte und wie schön es gewesen wäre, wenn er uneingeschränkte Anerkennung erhalten hätte.

Achten Sie auf die entscheidenden Stolperfallen

Beziehen Sie keine unwichtigen Nebensächlichkeiten mit ein, wenn dadurch negative Elemente in die Anerkennung hineingeraten. Sprechen Sie nur über die Dinge, auf die es ankommt und die den eigentlichen Gegenstand Ihrer Anerkennung bilden.

Weisen Sie nicht unnötigerweise darauf hin, daß bestimmte äußere Umstände den Erfolg Ihres Partners möglicherweise erleichtert haben: „Das war eine vorzügliche Leistung, aber bei der günstigen Ausgangslage konnte es ja nur gut gehen ..."

Machen Sie nicht den Denkfehler, zu glauben, daß durch eine kritische Bemerkung die Gesamt-Anerkennung noch an Gewicht und Glaubwürdigkeit gewinnen würde: „Sie konnten selbstverständlich nicht alles richtig machen, aber fast immer haben Sie eine gute Entscheidung getroffen ..."

Weisen Sie nicht auf winzige Verbesserungen hin, die noch möglich wären, auch nicht bei privaten Angelegenheiten: „Du hast vorzüglich gekocht, alles war perfekt, vielleicht hätte man bei der Soße etwas weniger Butter …" Relativierungen dieser Art zerstören nicht nur das Lob, sondern können zum zentralen Thema intensiver und langanhaltender Diskussionen werden.

Vermeiden Sie auch bei einer Gesamtanalyse unpassende Relativierungen

Sicher wird es Situationen geben, in denen Sie auf einem bestimmten Gebiet eine Art Gesamtbilanz ziehen möchten oder in denen die Verbindung von Anerkennung und Kritik sachlich erforderlich ist.

Bleiben Sie auch in diesen Fällen den genannten Regeln treu, und schränken Sie Ihre positiven Aussagen und Ihre Anerkennung für gute Ergebnisse und Leistungen nicht unnötig ein. Behandeln Sie Ihre Kritik als eigenständiges Thema, das Sie den positiven Elementen Ihrer Analyse gegenüberstellen.

Verhindern Sie, daß Ihr Partner Ihr Lob von sich aus mindert

Es gibt Menschen, denen so wenig Lob zuteil wird, daß sie mit einer gewissen Verlegenheit auf ein Kompliment reagieren. Es gibt andere Personen, die bei einer gewonnenen Anerkennung zeigen möchten, daß gute Leistungen bei ihnen der Normalfall sind. Beide Gruppen antworten mit ähnlichen Formulierungen: „Das war doch nichts Besonderes. Das ist doch selbstverständlich. Dafür bin ich doch da."

Schweigen Sie in diesen Fällen nicht einfach. Mit einem Schweigen signalisieren Sie Ihre Zustimmung: „Stimmt, eigentlich haben Sie recht, ich wundere mich selbst, weshalb ich Sie gelobt habe. Hiermit nehme ich alles zurück."

Bestätigen Sie vielmehr Ihre Anerkennung. Wiederholen Sie kurz, was Sie an der betreffenden Leistung schätzen und weshalb Ihnen das Verhalten Ihres Partners bemerkenswert erscheint.

Achten Sie auf Ihre Wortwahl

Bis zu diesem Kapitel haben wir gehört, daß Anerkennung praktisch immer zum Erfolg führt. Wie überall, so gibt es aber auch hier einige Ausnahmen. Es gibt Komplimente, die liebenswürdig gemeint, aber so unglücklich gewählt und formuliert sind, daß sie den anderen eher beleidigen, als ihn zu erfreuen.

Lassen Sie uns anhand von drei Beispielen sehen, wo die Gefahren lauern

Das erste Beispiel stammt aus dem Privatleben. Ein junger Mann begegnet abends in einem Restaurant einer Bekannten, die dort mit einer Freundin speist. Beide Damen kommen von einem Theaterbesuch und sind elegant gekleidet. Er ist vom Anblick begeistert und möchte charmant sein: „Constanze, heute abend siehst Du aber gut aus, richtig weiblich!“ Sie reagiert empört: „Wie sehe ich denn wohl sonst aus – wie ein Holzfäller?“

Beispiel zwei stammt aus dem Wirtschaftsleben. In einem bayerischen Restaurant hängt eine große Brauerei-Urkunde. Der Text bezieht sich auf die Zusammenarbeit mit der Restaurantinhaberin: „Frau Müller verliehen, in Anerkennung von 25 Jahren erwiesener Treue bei der Bierabnahme.“

Die Kundin wird hier offenbar als „treuer Untertan“ eingestuft. Ganz anders hätte ein Text gewirkt, mit dem sich die Brauerei höflich bedankt: „Wir möchten Frau Müller herzlich dafür danken, daß wir ihr seit 25 Jahren unser Bier liefern durften.“

Beispiel Nummer drei: Eine Referentin betritt bei einem Managementkongreß die Bühne. Der Moderator stellt sie dem staunenden Publikum vor: „Jetzt kommt Frau XY. Sie hat sich in den letzten Jahren so ein wenig einen Namen gemacht als fortschrittliche Verkaufstrainerin."

Die Dame ist kaum zu bremsen: „Was soll das heißen, ‚ein wenig'? Wie kann man sich ‚ein wenig' einen Namen machen?"

Denken Sie nach, bevor Sie loslegen

Die Beispiele zeigen die Hauptursache für Anerkennungsversuche, die fehlschlagen. Es ist mangelndes Einfühlungsvermögen. Handeln Sie deshalb auch bei Lob und Komplimenten mit Wachheit. Achten Sie auf Ihre Wortwahl. Halten Sie sich insbesondere an die folgenden Grundregeln:

Loben Sie an Ihrem Partner keine Eigenschaften oder Verhaltensweisen, die niemand als erstrebenswert betrachtet. Verzichten Sie beispielsweise darauf, die „Nettigkeit" oder den „Ordnungssinn" einer Person hervorzuheben.

Spielen Sie mit Ihrem Lob niemals auf Schwächen des anderen an, nach dem Motto „Bravo, heute ist Ihnen nach den vielen Rückschlägen, Fehlleistungen und Mißerfolgen endlich einmal etwas geglückt".

Begründen Sie Ihre Anerkennung nicht damit, daß Sie dem anderen seine Leistung eigentlich nicht zugetraut haben: „Daß Sie das schaffen würden, habe ich nie geglaubt" oder „Daß Sie ein so gutes Ergebnis erreichen würden, haben Sie sicher selbst nicht erwartet".

Vermeiden Sie Formulierungen, die Kindern gegenüber gebräuchlich sind: „Das haben Sie wirklich nett gemacht, das ist aber eine feine Leistung, da haben Sie sich aber wirklich Mühe gegeben."

Geben Sie positive Informationen weiter

Alle Menschen möchten gerne wissen, was andere über sie denken und über sie sagen. Jeder ist hocherfreut, wenn er von einem anerkennenden Urteil erfährt, das jemand über ihn getroffen hat.

Geben Sie deshalb positive Informationen über Ihren Partner an ihn weiter. Berichten Sie ihm, was Sie von Dritten Gutes über ihn gehört haben.

Eine Anerkennung in dieser Form ist besonders wertvoll

Dadurch, daß Ihr Partner das Kompliment nicht direkt erhält, sondern erst indirekt durch Sie, gewinnt es noch an Glaubwürdigkeit, Beweiskraft und Stärke.

Er freut sich nicht allein über die Anerkennung an sich, sondern auch darüber, daß Sie von ihr erfahren haben und wissen, daß er bei anderen hohes Ansehen genießt. Er freut sich gleichzeitig darüber, daß Sie sich die Mühe machen, ihn zu informieren. Er betrachtet die Weiterleitung der Anerkennung als Bestätigung ihrer Richtigkeit.

Aus seiner Sicht sind Sie der Überbringer der positiven Botschaft und damit derjenige, der für ihn ein besonderes Ereignis geschaffen hat.

Achten Sie auf Diskretion

Es gibt zwei Einschränkungen bei der Weitergabe positiver Botschaften. Versichern Sie sich besonders bei mündlichen Informationen, daß Sie keine Indiskretion begehen. Überlegen Sie, ob es dem „Verfasser" der Anerkennung recht ist, daß Sie seine Meinung weitergeben. In fast allen Fällen wird dies aber so sein.

Achten Sie gleichzeitig darauf, welche anderen Aussagen er macht. Berichten Sie nichts aus Unterhaltungen, in denen sich jemand in der Hauptsache negativ über die betreffende Person äußert.

Senden Sie einem Kunden positive Veröffentlichungen über ihn oder sein Unternehmen

Geben Sie nicht allein Informationen aus Gesprächen weiter, sondern auch, was Sie Positives über Ihren Partner gelesen haben. Schicken Sie ihm die entsprechenden Presseberichte.

Zögern Sie nicht, weil Sie glauben, er habe die Artikel schon. Oft hatte Ihr Kunde gerade am Tag der Veröffentlichung keine Zeit, die Zeitung zu studieren. Oft gehen die Berichte auch im Tagesgeschäft unter oder werden ihm erst später von der Presseabteilung seines Unternehmens vorgelegt.

Liefern Sie Ihre Anerkennung nicht nur im verborgenen

Lassen Sie uns das große Thema der Anerkennung mit einer Erfolgsempfehlung beschließen, die einem kurzen Fazit gleichkommt und die noch einmal den Zusammenhang mit der „Beziehungsintelligenz-Dimension“ Wertschätzung herstellt.

Sprechen Sie Ihr Kompliment offen aus

Liefern Sie Ihrem Partner Ihre Anerkennung nicht nur versteckt oder im verborgenen. Sagen Sie ihm auch im Beisein anderer, was Sie an ihm besonders beeindruckt oder wozu Sie ihm gratulieren möchten. Je offener Sie einem Menschen Ihre Anerkennung und Wertschätzung zeigen, desto größer ist die Freude, die Sie ihm bereiten.

Gehen Sie hierbei so umsichtig wie möglich vor

Übergehen Sie niemanden, der Ähnliches geleistet hat. Sprechen Sie jeden an, der ein entsprechendes Kompliment verdient. Achten Sie darauf, durch das Lob für eine Person niemand anderen herabzusetzen: „Sie sind der einzige in diesem Kreis, der wirklich etwas taugt ...“

Übertreiben Sie nicht. Liefern Sie keine überschwengliche Laudatio, die bei den anderen Mitgliedern der Gesprächsrunde nur Neid wecken würde. Sagen Sie kurz und präzise, was Sie im einzelnen schätzen. Begründen Sie Ihre positive Meinung. Je sachlicher Ihre Aussage ist, desto besser wird sie von allen anderen verstanden und akzeptiert.

Liefern Sie auch schriftliche Anerkennung

Schreiben Sie ausgewählten Partnern auch einmal einen Anerkennungsbrief. Nutzen Sie Ihre sachlich erforderlichen Schreiben, um eine liebenswürdige Anerkennung einzubinden, sofern Sie jeweils einen überzeugenden Anlaß finden.

Die Wirkung schriftlicher Anerkennung ist enorm. Ein Anerkennungsbrief wird niemals weggeworfen. Wenn es sich um eine große und außergewöhnliche Anerkennung handelt, wird sie immer wieder gelesen.

VI

Vermeiden Sie die fahrlässige Zerstörung von Kontakten:

Erhalten Sie die Würde Ihres Partners

Respektieren Sie die Würde Ihrer beruflichen und privaten Partner

Es gibt eine Verhaltensweise, die automatisch und mit größter Geschwindigkeit zu der Zerstörung von beruflichen und privaten Beziehungen führt. Es ist die Verletzung der Würde eines Partners und seine Degradierung. Würdeverletzung zeigt das glatte Gegenteil von Beziehungsintelligenz. Es ist der größte Fehler, den man im Umgang mit anderen Menschen machen kann.

Lassen Sie uns in den folgenden Kapiteln sehen, welches Verhalten auf andere Menschen herablassend, degradierend und verletzend wirkt. Lassen Sie uns festlegen, welches Verhalten in der persönlichen Kommunikation und Zusammenarbeit unbedingt zu vermeiden ist.

Die Speerspitze der Würdeverletzung ist Arroganz

Arroganz bedeutet Anmaßung. Sie bedeutet einen bewußten Angriff auf die Persönlichkeit eines Partners und die mutwillige Schaffung von Feinden. Arroganz ist nicht nur unklug, sondern die Spitze der Dummheit. Sie ist ein Armutszeugnis. Sie ist ein Indikator für fehlende eigene Persönlichkeit, die durch Anmaßung ersetzt werden soll.

Wenn wir das Wesen und die Eigenschaften eines arroganten Menschen analysieren, wissen wir sofort, weshalb die Wirkung von Arroganz so verheerend ist und welches Verhalten man niemals nachahmen darf.

Ein arroganter Mensch hat keine Freude an anderen.

Ihm fehlt das Interesse an anderen Menschen, an ihren Gedanken, Themen und Bedürfnissen. Er hat keine Wahrnehmungsfähigkeit und kein Empfinden für ihre Persönlichkeit. Er betrachtet seine Mitmenschen nicht als Individuen, sondern als Massenware. Er schert sie alle über einen Kamm und läßt kein gutes Haar an ihnen.

Er ist voller Egoismus.

Er sieht nur sich und seine Anliegen. Er kann sich nicht vorstellen, daß andere Menschen ebenfalls wichtige Ziele haben und ein Recht darauf, respektvoll und mit Wertschätzung behandelt zu werden. Er ergreift hemmungslos eigene Vorteile auf Kosten anderer. Fairneß ist ein Fremdwort für ihn. Rücksichtnahme hält er für eine Schwäche. Er macht sich lustig über die, die mit Anstand und Gesittung durch ihr Leben gehen.

Erfolge und Souveränität Dritter sind ihm verhaßt.

Er hat keinen Enthusiasmus für das Können und die Leistungen anderer. Er spielt herunter, was sie tun oder erreicht haben. Er sucht ständig nach Möglichkeiten, sie zu kritisieren und sich über sie zu erheben. Aus seiner Sicht ist er der Größte. Niemand soll an ihn herankommen. Niemand soll aus seinem Schatten treten.

GFT

Arroganz ist die Spitze der Dummheit

- Bewußte Würdeverletzung
- Freiwillige Zerstörung von Beziehungen
- Mutwillige Schaffung von Feinden

Dümmer geht es nicht!

STEFAN F. GROSS - ERFOLGSFORMEL

Er läßt seine Mitmenschen seine Verachtung auch spüren.

Er unternimmt alles, um sie zu degradieren und in ihrer Würde zu verletzen. Dafür setzt er alle Mittel ein, die er hat, seinen Gesichtsausdruck, seine Sprache, seine Körperhaltung und die dramatische Darstellung eigener Leistungen.

Ihm fehlt der Sinn für charakterliche Werte.

Für ihn zählen nur Äußerlichkeiten, mit denen er sich von seinen Mitmenschen abheben kann. Er hat keine Tiefe, sondern lebt in einer zweidimensionalen Welt. Die Dimensionen seines Universums heißen Geld und Geltung.

Er verträgt weder Kritik noch Humor.

Widerspruch oder humorvolle Schlagfertigkeit seiner Gesprächspartner sind ihm verhaßt. Er fühlt sich stets persönlich angegriffen. Je ausgeprägter seine Arroganz und Geltungssucht sind, desto größer ist auch seine Empfindlichkeit. Wer ihn einmal kritisiert, wer sich einmal mit Heiterkeit über ihn äußert, dem verzeiht er nie. So hemmungslos er andere zum Objekt abfälliger Scherze macht, so herablassend er ihre Schwächen betont, so wenig versteht er Spaß, wenn es um ihn selbst geht.

Er ist voller Überheblichkeit und Herrschsucht.

Arroganz, Überheblichkeit und Herrschsucht bilden ein „Triumvirat“. Sie verstärken sich gegenseitig. Sie motivieren einander. Ein arroganter Mensch glaubt, daß sich die Welt ausschließlich um ihn dreht. Er verhält sich nicht nur arrogant, sondern auch frech und unverschämt.

Die Reaktion auf Arroganz ist absolut entschlossen

Ein Mensch, der sich mit Arroganz konfrontiert sieht, reagiert auf eine ganz bestimmte Weise. Er wird völlig von negativen Gedanken überschwemmt. Er verliert jeden Goodwill und hat keine Wahrnehmungsfähigkeit mehr für mögliche positive Elemente im Verhalten seines Gegenübers.

Er sieht und hört dem anderen zu, ohne eine Miene zu verziehen und ohne seine Gedanken preiszugeben. Innerlich aber hat er nur ein Thema. Er überlegt mit höchster Konzentration, mit welchen Vergeltungsmaßnahmen er ihm die erlittene Degradierung heimzahlen kann.

Wenn er im Augenblick keine Möglichkeit sieht, wird er später die erste Gelegenheit ergreifen. Arroganz und Degradierung werden nie vergessen, im Gegenteil. Je länger es dauert, bis eine Möglichkeit zur Revanche entsteht, desto bohrender werden die Erinnerungen und desto härter wird die Reaktion.

Vermeiden Sie deshalb alles, was den Eindruck von Arroganz erwecken könnte

Die Merkmale arroganter Menschen sind in ihrer Gesamtheit betrachtet tatsächlich beeindruckend. Die Sprengkraft von Arroganz ist so enorm, daß bereits Ansätze von ihr genügen, um Beziehungen dauerhaft zu beschädigen.

Unterlassen Sie deshalb im Umgang mit Ihren beruflichen und privaten Partnern konsequent alles, was an die geschilderten Verhaltensmuster eines arroganten Menschen erinnern könnte.

Arroganz ist ein absolutes Tabu, wenn Sie „Besondere Beziehungen“ zu Ihren Kunden und Partnern begründen und erhalten möchten.

Vermeiden Sie jede Form von Überheblichkeit

Überheblichkeit ist mit Arroganz eng verbunden. Während Arroganz tiefsitzende Ursachen hat, entsteht überhebliches Verhalten oft auch aus Gedankenlosigkeit und Unachtsamkeit. Das Gefährliche ist, daß bereits Kleinigkeiten ausreichen können, um den Eindruck von Überheblichkeit zu erzeugen und den anderen aus seiner Sicht zu degradieren.

Betrachten Sie das folgende Beispiel:

Ein Ehepaar betritt ein teures Schuhgeschäft, das nur einen Hersteller vertritt und auch Maßanfertigungen anbietet. Der Verkäufer erscheint im ersten Moment freundlich und höflich. Auf die Frage des Kunden nach der Paßform von Maßschuhen bemüht er sich um eine besonders eindrucksvolle Antwort: „Bisher hatten wir noch nie Probleme, bis auf einen Fall. Das war aber auch ein Kunde, der nur Ärger machen wollte. Sie kennen solche Menschen ja, die wollen gar nicht kaufen, die möchten sich nur aufspielen."

Während sein potentieller Kunde noch überlegt, ob er wohl auch so eingestuft wird, wenn er einmal Anlaß zu einer Reklamation haben sollte, setzt der Verkäufer seine Arbeit fort: „Also, bisher waren noch alle unsere Kunden zufrieden, Fürsten, Prinzen, alles Spitzenleute ..."

Dem Kunden wird die Lage klar. Offensichtlich soll er es als Privileg betrachten, in einem Geschäft dieser Klasse einkaufen zu dürfen. Nur so erreicht er den Status der genannten Personengruppe. Sollte er mit den Angeboten des Geschäftes dagegen nicht zufrieden sein, so liegt dies nicht an einer mangelnden Qualität der Produkte, sondern nur daran, daß er offensichtlich nicht zum Kreis der „Spitzenleute" zählt.

Machen Sie eine Überheblichkeits-Analyse

Schützen Sie sich davor, aus Unbedachtheit oder in einem Moment der Unaufmerksamkeit etwas zu tun oder zu sagen, was Ihr Partner als verletzend betrachtet, obwohl Sie es ganz anders meinen. Stellen Sie sich bitte einmal die folgenden Fragen:

★ *Welche Verhaltensweisen empfindet ein Partner als herablassend, degradierend oder verletzend?*

★ *Welches Auftreten anderer Personen, beruflich oder privat, betrachten Sie selbst als überheblich und unangenehm? Welche Beispiele fallen Ihnen ein?*

★ *Welches Verhalten sollten Sie deshalb möglicherweise überdenken und verändern?*

Eine Arroganz-Selbstanalyse kann nie schaden. Manches von dem, was man sich im Laufe der Jahre angewöhnt hat und was man als Ausdruck eigener Persönlichkeit und als Beweis eigener Stärke sieht, wird von anderen vielleicht ganz anders wahrgenommen.

Lassen Sie sich nie zu Arroganz und Überheblichkeit hinreißen

Man gerät immer wieder in Situationen, in denen man zu überheblichen Handlungen oder Kommentaren verleitet wird, die

GFT

Vermeiden Sie jede Form der Überheblichkeit

Welche Verhaltensweisen empfindet ein Partner

als
- ☛ **herablassend?**
- ☛ **degradierend?**
- ☛ **verletzend?**

STEFAN F. GROSS · ERFOLGSFORMEL

man später bereut. Lassen Sie uns sehen, wo die Risiken lauern.

Eine Ursache ist persönliche Unsicherheit.

Viele Menschen verändern sich vollkommen, wenn Sie in eine ungewohnte Umgebung geraten, in der sie sich unwohl fühlen. Sie versuchen, ihre Unsicherheit mit Überheblichkeit zu kaschieren. Erstarrte Gesichtszüge und ein herablassender Blick wirken aber nicht souverän, sondern unsympathisch. Ein freundliches Lächeln bewirkt dagegen genau das, was man eigentlich erreichen möchte. Es löst auch beim Gegenüber Freundlichkeit aus und schafft eine Atmosphäre, in der man sich wohl und damit sicher fühlt.

Eine zweite Ursache sind Ärger und eigene Gereiztheit.

Ärger ist eine Hauptquelle für überhebliches Verhalten. Man möchte den Ärger mit Verstärkung an den zurückgeben, der ihn ausgelöst hat. Gelingt dies nicht, muß der nächste Partner, dem man begegnet, büßen.

Auch wenn es sachlich völlig gerechtfertigt ist, einem unverschämten Partner entschlossen entgegenzutreten, ist Überheblichkeit die falsche Lösung. Man verspielt seinen eigenen „moralischen" Vorteil und setzt sich selbst in ein schlechtes Licht. Überheblichkeit erschwert es ungemein, wieder zu einer Verständigung zu finden, wenn der Ärger verflogen ist.

Die dritte Ursache sind negative Vorbilder.

Es gibt Tätigkeiten, bei denen man selbst überdurchschnittlich oft an anmaßende Zeitgenossen gerät. Wenn man Kontakt mit pompösen Partnern hat und wenn man von anderen mit überheblichen Texten gequält wird, entsteht die Gefahr, daß man sein eigentliches Verhalten ändert und sich seinem Umfeld anzupassen versucht.

Lassen Sie es in solchen Situationen nicht zu, daß negative Vorbilder auf Sie abfärben. Erhalten Sie sich Ihre Liebenswürdigkeit. Es gibt kaum etwas so Beeindruckendes, wie einen Menschen, der sich in einem arroganten Umfeld höflich und gesittet verhält.

Vermeiden Sie einmalige Ausreißer.

Die vierte Ursache für überhebliches Verhalten sind Ausnahmesituationen, in denen man es sich gestattet, die Selbstbeherrschung zu verlieren. Ein Feld sind Begegnungen mit Menschen, die einem nicht sympathisch sind, denen man sich weit überlegen fühlt und bei denen man glaubt, daß man sie nie wiedertreffen wird.

In Gesprächen mit diesen Personen entsteht bei der ersten Meinungsverschiedenheit leicht ein trügerisches Gefühl völliger Unverwundbarkeit: „Endlich habe ich Bemühtheit einmal nicht nötig. Endlich kann ich einmal zeigen, was ich wirklich von einer Kanaille dieses Kalibers halte."

Widerstehen Sie auch in Ausnahmesituationen dem inneren Verlangen nach Überheblichkeit. Von eigener Überheblichkeit wird man immer eingeholt. Sie schadet in jedem Fall, in jeder Situation, gegenüber jedem Menschen. Irgendwann begegnet man auch der einzigen Person wieder, die man jemals herablassend behandelt hat.

Hüten Sie sich vor Degradierung Dritter

Machen Sie in Gesprächen niemals eine herablassende Bemerkung über Abwesende. Arroganz gegenüber Dritten wirkt auf Ihren Partner genauso negativ wie Überheblichkeit gegenüber ihm persönlich.

Selbst wenn Sie sich ihm gegenüber höflich und liebenswürdig verhalten, schließt er aus Ihrer Bemerkung, daß sich doch ein Kern von Arroganz in Ihnen verbirgt. Er glaubt, daß Sie sich bei ihm zurückhalten, bei anderen aber Ihr wahres Gesicht zeigen. Lassen Sie niemals zu, daß ein falscher Eindruck dieser Art entsteht.

Welche Formen Herablassung gegenüber Dritten annehmen kann, *zeigt folgendes Beispiel:* In einer Arztpraxis warten die Patienten in einem hallenähnlichen Flur, in dem auch der Empfang und die Schreibtische zweier Helferinnen untergebracht sind. Das Telefon klingelt, und eine der beiden nimmt ab. Offensichtlich geht ihr der Anrufer auf die Nerven.

Sie beginnt den Kopf zu schütteln. Anschließend trommelt sie mit den Fingern der freien Hand auf ihren Tisch. Dann schlägt sie sich mit der Hand von oben flach auf den Kopf. Schließlich nimmt sie den Hörer vom Ohr, hält die Sprechmuschel zu und ruft ihrer Kollegin den Namen des Anrufers zu. Zum Abschluß blickt sie die anwesenden Patienten beifallheischend und nach Bestätigung suchend an, nach dem Motto „Ihnen sind solche Typen doch sicher auch ein Greuel ...". Die Patienten reagieren aber nicht. Jeder ist damit beschäftigt zu überlegen, welche Pantomime die junge Dame wohl veranstaltet, wenn er selbst der Anrufer ist.

Behandeln Sie Ihren Kunden oder Partner nicht als Tölpel

Besonders das Berufsleben bietet ungeahnte Möglichkeiten, die Würde eines Partners durch Überheblichkeit und Herablassung nachhaltig zu verletzen.

Es gibt Texte, mit denen Sie ihm in Sekunden zeigen können, daß Sie ihn als Tölpel betrachten und seine Anliegen als die Gedanken eines Unzurechnungsfähigen. Es gibt Antworten auf seine Fragen und Bitten, mit denen Sie ihn auf Pygmäenformat schrumpfen lassen.

Die Schattenseite liegt darin, daß er dieses Verhalten nur ein einziges Mal über sich ergehen läßt. Sie erhalten keine zweite Degradierungs-Gelegenheit, weil er die Zusammenarbeit mit Ihnen für alle Zeiten beendet.

Achten Sie deshalb auf Ihre Sprache. Hüten Sie sich vor Texten, mit denen Sie andere direkt und ohne Umschweife in Grund und Boden stampfen. Lassen Sie uns sehen, welche Aussagen besonders negativ wirken.

Vermeiden Sie herablassende Kommandos

Es gibt Formulierungen, die aus einer freundlich gemeinten Aussage eine degradierende Botschaft machen und aus denen hauptsächlich Überheblichkeit und mangelnde Wertschätzung sprechen. Gemeinsam ist diesen Formulierungen, daß sie den anderen belehren oder zum Befehlsempfänger degradieren. Vermeiden Sie deshalb Texte der folgenden Art:

„Sie dürfen schon einmal Platz nehmen."

Ihr Kunde betrachtet die ihm so erteilte Erlaubnis keineswegs als Zeichen von Großzügigkeit. Im Gegenteil. Er wünscht sich eine höfliche Bitte und kein Kommando, das ihm sagt, was er darf und was nicht.

„Sie können in der Zwischenzeit schon einmal ..."

Ihr Partner versteht die Botschaft. Er muß etwas tun, was er nicht möchte, in diesem Fall warten. Ihm wird sicherheitshalber gleich mitgeteilt, wie er die Zeit sinnvoll verbringen kann. Man hält ihn für so unbedarft, daß man ihm das Denken mit abnimmt.

„Sie sollten ..." oder „Sie müssen ..."

Eine Empfehlung oder einen Rat hört Ihr Partner sicher gerne – aber nicht in Form einer Belehrung oder Anweisung! Er hat als Antwort nur einen Gedanken, und der lautet: „Ich muß gar nichts!"

Ein Mensch, der solche Sätze hört, reagiert liebenswürdig und tut so, als würde er sich in sein Schicksal fügen. Innerlich dagegen wachsen sein Ärger und sein Widerstand von Sekunde zu Sekunde. Er überlegt nur noch, wie er die erlittene Demütigung heimzahlen kann.

Gehen Sie auf die Bitten eines Partners ernsthaft und bemüht ein

Es gibt Standardfloskeln für das Abschmettern von Bitten und Wünschen. Oberflächlich betrachtet scheinen diese Antworten rein sachlicher Natur zu sein. Möglicherweise stimmen sie auch inhaltlich. Sie enthalten aber eine massive Negativbotschaft, deren Sinn Ihr Gegenüber sofort begreift. Die folgenden Antworten stopfen ihm sein Anliegen in den Rachen zurück:

„Das möchte jeder.“

„Wenn wir das bei jedem machen würden, könnten wir einpacken.“

„Wenn wir einmal damit anfangen, dann müssen wir das bei allen so machen.“

„Das geht nicht anders, das haben wir schon immer so gemacht.“

Ihr Kunde versteht, was wirklich gemeint ist. Er sieht, daß Sie sein Anliegen als reine Anmaßung betrachten. Die Botschaft, die unmißverständlich bei ihm ankommt, lautet:

„Sie sind nur einer von vielen.“

„Sie sind keine Ausnahme.“

„Für Sie machen wir auch keine Ausnahme.“

„Für Sie tun wir nichts Spezielles.“

„Für Sie strengen wir uns nicht besonders an.“

„Sie sind uns die Mühe nicht wert.“

Verweisen Sie die Gedanken Ihres Partners nicht ins Land der Phantasie

Eine Hauptgelegenheit für die Zerstörung von Beziehungen ergibt sich selbstverständlich im Zusammenhang mit Reklamationen. Die geeignete Degradierungs-Methode lautet, den Gedanken eines Kunden konsequent zu widersprechen und seine Aussagen als Hirngespinste darzustellen. Folgende Texte zeigen ihm, daß Sie nicht nur an seinem Sachverstand zweifeln, sondern an seinem Verstand insgesamt:

„Das ist völlig ausgeschlossen."

„Das kann unmöglich stimmen."

„Das gibt es gar nicht."

„Das kann ich mir nicht vorstellen."

„Da müssen Sie sich täuschen."

Alle Formulierungen enthalten eine gemeinsame Aussage: „Was Sie da reden, begreife ich nicht. Einen solchen Schwachsinn habe ich noch nie gehört. Ich sehe Sie mir von oben bis unten an und denke mir meinen Teil."

Machen Sie Ihren Kunden nicht zum Schurken

Der vielleicht raffinierteste Weg der Würdeverletzung besteht darin, einem Kunden begreiflich zu machen, daß er die negative Ausnahme ist, wenn er einen bestimmten Gedanken äußert oder einen Mangel schildert. Anstatt sein Problem zu lösen und sich für den betreffenden Vorfall zu entschuldigen, zeigt man ihm, daß er nichts anderes ist als ein Querulant, der selbst schuld hat:

„Sie sind der erste, bei dem das passiert!"

„Sie sind der einzige!"

„Sie sind natürlich auch besonders empfindlich."

„Keiner unserer guten Kunden hat bisher Anlaß gefunden, sich zu beklagen."

Streichen Sie alle beschriebenen Kommentare und Antworten aus Ihrem Sprachschatz

Möglicherweise kommt Ihnen die Darstellung degradierender Formulierungen in dieser geballten Form leicht übertrieben vor. Sie ist es nicht. Sätze dieser Art hören Kunden ständig. Es sind Texte, die sich tief in die Gehirnwindungen vieler Anbieter, Verkäufer und Geschäftsleute eingegraben haben und die von ihnen geradezu reflexartig geliefert werden.

Machen Sie bitte einmal einen Test, und achten Sie eine Weile darauf, wie oft Sie selbst eine solche Antwort zu hören bekommen, wenn Sie eine Überlegung, einen Wunsch oder eine Reklamation äußern.

Stimmen Sie deshalb nicht in diesen Chorgesang ein. Befreien Sie Ihr Denken und Ihre Sprache von Formulierungen, mit denen Sie die Würde Ihrer Kunden und Partner verletzen. Werden Sie zur Ausnahme – im positiven Sinne!

Hüten Sie sich vor Geltungssucht

Arroganz, Anmaßung und Überheblichkeit sind der direkte Weg zur Würdeverletzung. Geltungssucht wirkt indirekt, aber genauso intensiv. Sie führt zu Aufdringlichkeit und zu Besserwisserei. Sie ist das Markenzeichen des selbsternannten Oberlehrers.

Geltungssucht ist unerträglich

Sie umgibt einen Menschen wie eine Wolke billigen Parfüms, dessen Wirkung die von Reizgas weit übertrifft. Sie legt sich wie ein Dunstschleier über die Sinnesorgane und den Geist desjenigen, der sie ertragen muß. Ein Partner hat bei der Begegnung mit einem geltungssüchtigen Menschen drei Gedanken: „Wie habe ich das nur verdient? Wie werde ich diesen Schwätzer so schnell wie möglich wieder los? Wie vermeide ich, ihm je wieder zu begegnen?“

Lassen Sie uns deshalb betrachten, was Geltungssucht im einzelnen bedeutet, wie sie sich äußert und wie sie wirkt. Die zentrale Regel lautet hierbei: Vermeiden Sie alle Verhaltensweisen, die im Folgenden beschrieben werden.

Gespräche mit einem geltungssüchtigen Menschen sind eine Tortur

Persönliche Gespräche sind das Hauptaktionsfeld für einen geltungssüchtigen Menschen. Wer ihm in die Hände fällt, hat nichts mehr zu sagen und nichts mehr zu lachen.

Der Geltungssüchtige liefert zu jedem Thema seinen Kommentar.

Er verkündet zu jedem Thema seine persönliche Meinung. Er schildert ständig seine Sicht der Dinge und bombardiert sein Gegenüber mit seinen Überzeugungen. Er mischt sich überall ein und antwortet auch dann, wenn er nicht gefragt wird. Es ist ihm unmöglich, seine Gedanken auch einmal für sich zu behalten. Er reagiert mit endlosen Erklärungen, wenn der andere einen Satz geäußert hat. Er hat immer das letzte Wort.

Er gibt ständig Urteile ab.

Ein Mensch mit Geltungssucht schwingt sich zum Oberrichter auf. Er liefert eine Bewertung nach der anderen. Er verkündet bei jeder Frage sein unumstößliches Urteil.

Besonders gerne beurteilt er die Leistungen anderer Menschen, stets verbunden mit einer ausführlichen Schilderung ihrer Fehler und Unzulänglichkeiten. Wenn er ein Lob ausspricht, dann nie aus Anerkennung, sondern nur, um seine sich selbst verliehene Position als Chef-Gutachter zu demonstrieren.

Er betrachtet sich als Universal-Experten.

Ganz gleich, worum sich das Gespräch dreht, ob es um berufliche oder persönliche Themen geht, er weiß Bescheid. Er hat bereits alles gesehen, gehört und verstanden. Sobald ein Stichwort kommt, legt er los mit seinen gesammelten Erfahrungen und seiner Einschätzung der Lage.

Er tut so, als habe er das Thema in allen Einzelheiten durchdrungen und als kenne er jede Facette. Nach seiner Darstellung ist er der Experte schlechthin. Er liefert nie einen Quellenhinweis, sondern erweckt den Anschein, als habe er alles selbst erfunden. In Wahrheit verfügt er höchstens über Bruchstückwissen, über oberflächliche Kenntnisse, die er in Diskussionen wie Pfeile abschießt. Er ist der Prototyp des modernen Till Eulenspiegel.

Sobald er auf einen wirklichen Experten trifft, tritt er die Flucht an. Er liefert noch einige abschließende Floskeln und überfällt die Anwesenden dann mit einem Monolog zu einem neuen Thema.

Er will recht behalten, um jeden Preis.

Er relativiert seine Behauptungen nicht. Er formuliert seine Aussagen so, daß sie den Anspruch auf absolute Gültigkeit haben. Eine behutsame Einleitung wie „Bitte erlauben Sie mir, einmal meine Gedanken zu diesem Thema zu äußern ..." wird ihm nicht über die Lippen kommen. Er verkündet keine Meinung, sondern die Wahrheit.

Er läßt keinen anderen Gedanken gelten und korrigiert jeden. Er betrachtet eine abweichende Meinung als Angriff auf sich persönlich. Er vertritt seinen Standpunkt unerbittlich und ohne Kompromißbereitschaft.

Er führt seine Gespräche so, daß eine echte Unterhaltung unmöglich wird.

Er spricht nur in Allgemeinplätzen. Er bleibt auf der Überschriftenebene, so daß sich kein Anknüpfungspunkt für eine sinnvolle Antwort ergibt. Sein Gegenüber erhält keine Gelegenheit, den Gesprächsfaden aufzunehmen und die Unterhaltung mit eigenen Gedanken fortzuführen.

Er baut seinem Partner auch keine Brücke. Er bittet ihn niemals um seine Meinung, er stellt ihm keine Fragen, er geht nicht auf ihn ein. Er degradiert den anderen zum Stichwortgeber und Zuhörkasper.

Der Geltungssüchtige betreibt erbarmungslose Selbstdarstellung

Er praktiziert das sogenannte „name dropping". Er erklärt beiläufig, welche bedeutenden Persönlichkeiten er bestens kennt oder mit welchen er gerade gesprochen hat.

Er ist ausgerüstet mit den gerade aktuellen Modebegriffen aus der Welt der Wirtschaft und der Welt des guten Lebens. Je bombastischer ein Begriff ist, desto öfter und beiläufiger benutzt er ihn.

Bei privaten Erzählungen schwelgt er in Erinnerungen an Erlebnisse an exotischen Orten, in besten Hotels und in Restaurants der Sonderklasse. Er zeigt, daß er weiß, was gutes Leben wirklich heißt.

Er schildert pausenlos berufliche Glanztaten.

Er verkündet seine künftigen Erfolge. Er steht immer kurz davor, das größte Geschäft seiner Laufbahn oder in der Firmengeschichte abzuschließen. Er hat die Unterschrift schon in der Tasche. Er nennt Gewinnzahlen, die seinem Gegenüber die Tränen in die Augen treiben.

Wenn er später gefragt wird, was aus der Angelegenheit geworden ist, erklärt er, das Geschäft sei nicht zustande gekommen, weil er beschlossen habe, sich einem finanziell noch größeren Projekt zuzuwenden. Dann legt er von vorne los.

Gleichzeitig ist er der Retter des Unternehmens, in dem er arbeitet: „Ohne mich würde der Laden längst nicht mehr laufen.

Die wissen gar nicht, was sie mir zu verdanken haben. Die anderen haben keine Ahnung vom Geschäft.“

Er schildert auch pausenlos private Glanztaten.

Wenn er nicht über seine beruflichen Sensationsleistungen spricht, dann über die privaten. An ihm ist ein Champion verlorengegangen: „In meinem Tennisclub finde ich längst keine Gegner mehr“ oder „In meinem Reitclub hat man mich gebeten, mich zur nächsten Olympiaqualifikation anzumelden“.

Er hat den Habitus des Sonnenkönigs

Sein Motto lautet „Was kostet die Welt?“. In Unterhaltungen in Restaurants oder im Flugzeug kann kein Unbeteiligter seinen Meldungen entgehen. Sobald er Millionenbeträge verkündet, erhebt er die Stimme, sobald es um Nichtigkeiten geht, beginnt er mit angestrengtem Flüstern. So entsteht wenigstens der Eindruck, als würde er von den neuesten Geheimdienstinformationen berichten.

Wenn er einen Raum betritt, steuert er unbeirrbar auf sein Ziel zu. Er sieht nicht nach links oder nach rechts. Er würdigt seine Mitmenschen höchstens mit einem Blick aus dem Augenwinkel, und das auch nur, um herauszufinden, ob sie ihn und seine Bedeutung zur Kenntnis nehmen.

Er trägt den wissenden Blick desjenigen, der auf alles eine Antwort hat. Seinem Gesichtsausdruck nach ist er gerade mit der Lösung der zentralen Menschheitsprobleme beschäftigt. Er ist pompös in jeder Hinsicht.

Eine einzige dieser Verhaltensweisen kann ausreichen, einen Kunden oder Partner für immer zu verlieren

Geltungssucht ist eine Geißel der Menschheit. Im ersten Augenblick wirkt der Auftritt eines geltungssüchtigen Menschen noch erheiternd. Im zweiten Augenblick beginnt er bereits an den Nerven zu zerren. Anschließend entstehen beim Opfer der Geltungssucht tiefreichende Rachephantasien.

Vermeiden Sie deshalb jede Art der übertriebenen oder aufdringlichen Selbstdarstellung. Versuchen Sie nicht, sich in den Mittelpunkt zu drängen und alle anderen an den Rand zu quetschen. Je weniger Sie der Geltung hinterherrennen, desto größer werden der Respekt und die Zuneigung, die von allein auf Sie zukommen.

Tun Sie nicht so, als ob Ihnen der Erfolg von allein in den Schoß fällt

Selbstverständlich möchten Ihre beruflichen Partner die Sicherheit haben, mit einer erfolgreichen Persönlichkeit und mit einem erfolgreichen Unternehmen zusammenzuarbeiten. Für Sie ist es deshalb unerläßlich, Ihre Kunden über die Qualität Ihrer Produkte und über die Leistungsfähigkeit Ihres Unternehmens zu informieren und zu zeigen, welche konkreten Erfolge Sie erzielen.

Auch im privaten Bereich ist beruflicher Erfolg sicher ein interessantes Thema, über das oft gesprochen wird.

Daß sich eine übertriebene und falsche Darstellung von Erfolgen verbietet, ist offensichtlich. Es gibt aber einen zweiten Fehler, der weit häufiger gemacht wird und der in direktem Zusammenhang mit Überheblichkeit und Degradierung steht: Es ist die Verharmlosung des Aufwandes, der betrieben werden muß, um erfolgreich zu sein.

Behaupten Sie niemals, daß bei Ihnen der Erfolg von allein kommt

So sehr ein Partner Ihre Informationen schätzt, so wenig möchte er Ihre Erfolgsmeldungen um die Ohren gehauen bekommen. Er weiß, welche Zeit und Mühe erforderlich sind, um erfolgreich zu werden und zu bleiben. Er weiß insbesondere, welche Anstrengungen er selbst unternehmen muß, um seine Ziele zu erreichen.

Tun Sie deshalb nicht so, als wenn Erfolge für Sie das Selbstverständlichste der Welt seien. Geben Sie ihm nicht das Gefühl, der Dumme zu sein, der sich abstrampelt, während Ihnen der Erfolg nur so zufliegt. Vermeiden Sie lässige Kommentare der folgenden Art:

„Unsere Kunden rennen uns die Bude ein."

„Wir können uns vor Bestellungen kaum mehr retten."

„Vor lauter Aufträgen kommen wir nicht dazu, die Rechnungen zu schreiben."

„Das Geld liegt wirklich auf der Straße. Man braucht sich nur zu bücken."

Mit Aussagen dieser Art können Sie Ihren Partner fast um den Verstand bringen

Je härter er selbst arbeiten muß, je mehr er sich unter Druck fühlt, desto weniger möchte er hören, wie einfach doch das Leben ist. Er will nicht, daß so getan wird, als ob sein Arbeitseinsatz weit überzogen ist, als ob Fleiß und Engagement keine Rolle mehr spielen und als ob seine Gedanken an mögliche Rückschläge völlig absurd sind.

Erklären Sie ihm deshalb nie, daß nach Ihrer Meinung „die große Linie" völlig ausreicht, um automatisch überragende Erfolge zu erzielen:

„Eine gute Idee, dann läuft der Laden wie von selbst ..."

„Auf die Strategie kommt es eben an ..."

„Man muß nur die richtigen Leute kennen ..."

„Man muß nur wissen *wie*, dann kommt der Erfolg von ganz allein ..."

Er selbst sieht sich sonst in der Lage eines Bergsteigers, der ohne Sauerstoffgerät auf einen sturmumbrausten Achttausender klettern muß, während ihm sein Gesprächspartner erklärt, er verfüge über einen persönlichen Transportservice, der ihn täglich auf den Gipfel fliegt, während er im Warmen seine Flasche Champagner schlürft.

Sie verlieren sein Wohlwollen

Ihr Partner wird nicht nur wütend, er wird auch deprimiert. Er beginnt zu überlegen, was er alles falsch macht. Er zweifelt an seiner persönlichen und beruflichen Konzeption insgesamt. Die Schilderung, die Sie ihm geben, ist so weit von seiner eigenen Lage entfernt, daß er jede Hoffnung verliert, jemals auf einen grünen Zweig zu kommen.

Wenn er sich von seinem Ärger und seiner Niedergeschlagenheit erholt hat, beginnen bei ihm andere Überlegungen. Er beurteilt Ihre Art der lässigen Erfolgsmeldungen als belehrend und überheblich. Aus seiner Sicht geben Sie ihm zu verstehen, daß er offensichtlich zu dumm oder zu unfähig ist, um ebenfalls auf bequeme und lockere Weise zum Erfolg zu kommen.

Er fragt sich, ob er Ihnen das Leben nicht etwas schwerer machen sollte, wenn Sie sich sonst schon nicht anstrengen müssen.

Beschreiben Sie Ihre Erfolge deshalb nicht allein auf überzeugende, sondern auch auf sympathische Weise

Menschen, die wirklich erfolgreich sind, übertreiben nicht mit der Darstellung erzielter Ergebnisse. Wer seinen Erfolg aus eigener Kraft erreicht hat und wer nicht nur Mitläufer in glücklichen Umständen war, berichtet auf angemessene und angenehme Weise von seinen Leistungen.

Zeigen Sie deshalb Enthusiasmus und Freude über Ihre Ergebnisse, aber verleihen Sie Ihren Aussagen immer Informationscharakter. Stellen Sie stets die Sache und die fachliche Aussage in den Mittelpunkt.

Beispielsweise können Sie einem Kunden zeigen, welche Probleme Ihre Produkte bei anderen Kunden gelöst haben. Sie können ihn über Ihre Qualitätssicherungsmaßnahmen informieren. Sie können ihm Artikel über Auszeichnungen zusenden, die Ihre Produkte erhalten haben, zum Beispiel in Form von Testberichten.

Erklären Sie gleichzeitig die Hintergründe Ihres Erfolges. Beschreiben Sie, welcher Aufwand, welche Mühe und welche Sorgfalt erforderlich waren, um das betreffende Resultat zu erzielen.

Alle diese Informationen werden von Ihrem Partner geschätzt. Er sieht nicht allein, daß Sie Erfolg haben, sondern gleichzeitig, daß Sie für diesen Erfolg entsprechend gearbeitet haben. Er fühlt sich durch das, was Sie erreichen, nicht degradiert, sondern angespornt und motiviert.

Ersparen Sie Ihrem Partner Vorwürfe und ein schlechtes Gewissen

Sie werden immer wieder in Situationen geraten, in denen sich einer Ihrer Kunden oder Partner ganz anders verhält, als Sie dies möchten. Oft wird es sich dabei auch um Personen handeln, die Sie bereits lange kennen und die Sie mögen. Besonders in solchen Fällen kommt es auf Beziehungsintelligenz und die richtige Reaktion an.

Die Liste möglicher unerwünschter Verhaltensweisen ist endlos

Hier nur einige Beispiele: Ein beruflicher Partner hält sich nicht an Vereinbarungen oder ändert kurzfristig seine Meinung. Er möchte eine andere Lösung als besprochen. Er bringt Sie zeitlich oder organisatorisch unter Druck. Er entscheidet sich gegen einen Kauf, obwohl Sie zeitintensive Vorleistungen erbracht haben.

Er wünscht eine Sonderleistung. Er fordert Konditionen, die Sie ihm nicht zugestehen möchten, oder bestimmte Termine, die Sie nur mit einem Kraftakt einhalten können. Er hat Beschwerden, die Sie als überzogen betrachten.

Die Aufzählung ließe sich fortsetzen. Die Grundregel für das angemessene Verhalten in schwierigen Fällen dieser Art lautet: Halten Sie sich mit Vorwürfen zurück. Lassen Sie sich nicht dazu hinreißen, mit Anschuldigungen zu reagieren.

Handeln Sie überlegt und behutsam

Vermeiden Sie jede übertriebene Reaktion. Kosten Sie die Situation nicht aus. Nutzen Sie nicht die Gelegenheit, um sich für sämtliche Beschwerden zu rächen, die Sie in Ihrem Berufsleben von anderen zu hören bekommen haben.

Gehen Sie nicht sofort in den Angriff. Dramatisieren Sie den Vorfall nicht. Reiben Sie Ihrem Partner seine Fehler nicht unter die Nase, und trampeln Sie nicht auf dem Thema herum. Erklären Sie ihm nicht, wie unfähig er ist und wie unanständig er sich verhalten hat.

Vorwürfe verletzen Ihren Partner zutiefst

Auch wenn Ihr Vorwurf einen sachlichen Kern hat, wird er von Ihrem Partner immer persönlich aufgefaßt. Er fühlt sich als Person angegriffen und nimmt automatisch eine ablehnende Haltung Ihnen gegenüber ein. Besonders wenn es sich um einen langjährigen Partner handelt, ist er völlig verblüfft, einen solchen Kommentar von Ihnen zu hören. Er denkt sich: „Ich bin doch so ein guter Kunde, wie kann man mir denn so etwas vorwerfen?“

Selbst wenn er äußerlich gelassen bleibt, brodelt es in ihm. Er beginnt sich innerlich zu rechtfertigen. Er sucht nach Argumenten, die seine Position stützen und die gegen Sie sprechen. Wenn ihm die Argumente fehlen, beginnt er welche zu konstruieren.

Gleichzeitig überlegt er, was Sie in der Vergangenheit möglicherweise falsch gemacht haben könnten und worüber er sich nun im Gegenzug beschweren könnte. Er sucht die Gelegenheit zum Gegenangriff. Sein Hauptgedanke lautet: „Das kann ich mir doch nicht bieten lassen.“

Ihr Vorwurf beeinträchtigt Ihre Partnerschaft für lange Zeit

Die genannten Empfehlungen bedeuten selbstverständlich nicht, auf berechtigte Ansprüche zu verzichten, auf alles einzugehen, was ein anderer möchte, oder bei allen Fehlern eines Partners gute Miene zum bösen Spiel zu machen.

Vorwürfe bringen aber keine Lösung. Sie helfen Ihnen sachlich nicht weiter. Das einzige, was Sie mit Vorwürfen erreichen, ist, die Atmosphäre und die Gedanken aller Beteiligten zu vergiften.

Mit Ihrem Vorwurf machen Sie Ihrem Partner ein schlechtes Gewissen. Sie zwingen ihn zu negativen Gedanken über sich selbst. Möglicherweise reagiert er im ersten Augenblick noch freundlich und verständnisvoll. Später kommt das Thema aber wieder bei ihm hoch. Dann sieht er die Lage mit anderen Augen.

Der sachliche Kern Ihres Vorwurfs ist längst vergessen, aber er fühlt sich immer noch in seiner Würde verletzt. Er beginnt sich zu ärgern. Seine negativen Gefühle machen es ihm lange Zeit unmöglich, unbeschwert und enthusiastisch mit Ihnen zusammenzuarbeiten.

Vertreten Sie Ihre Ansprüche in der Sache konsequent, aber freundlich und verbindlich in der Form

Es gibt zwei geeignete Wege, um auf negatives Verhalten oder eine überzogene Forderung eines Partners zu reagieren. Die erste Möglichkeit bilden ein entschlossenes „Nein!“ bzw. ein eindeutiges „So nicht!". Hierzu sind aber keine Vorwürfe erforderlich, sondern eine sachliche und höfliche Begründung, am besten verbunden mit einem neuen Lösungsvorschlag.

Der zweite Weg besteht darin, das betreffende Anliegen zu erfüllen, möglicherweise auch deshalb, weil die Umstände oder Machtverhältnisse nichts anderes zulassen. Dann bringen Vorwürfe ebenfalls keine Verbesserung der Lage. In diesem Fall besteht die einzig sinnvolle Lösung darin, nach guten und überzeugenden Ablehnungs-Argumenten zu suchen, die man in Zukunft nutzen kann, um nicht ein weiteres Mal in die betreffende Situation zu kommen. Das Motto lautet: „Vorbeugung statt Vorwurf."

Bleiben Sie also in der Sache konsequent, wenn Sie einen berechtigten Anspruch von sich vertreten, aber in der Form freundlich und verbindlich. Eine massive Beschwerde mag dazu führen, daß Sie im Augenblick bekommen, was Sie möchten. Sie führt aber gleichzeitig dazu, daß die künftige Zusammenarbeit ruiniert wird.

Verzichten Sie insbesondere auf nachträgliche Anklagen

Vermeiden Sie Vorwürfe besonders dann, wenn das entstandene Problem längst gelöst ist oder wenn sich am Vorfall selbst nichts mehr ändern läßt und wenn kein wirklicher Schaden entstanden ist.

Erklären Sie einem zufriedenen Partner nicht nachträglich, welchen Schurkenstatus er mit seinem Verhalten bei Ihnen erreicht hat und welche Mühe es Sie gekostet hat, seine Wünsche zu erfüllen.

„Es hat zwar alles geklappt, aber eines will ich Ihnen sagen: Noch einmal mache ich so etwas nicht!“

Ein behutsames Verhalten bringt Ihnen großen Nutzen

Sie wahren das „Gesicht“ Ihres Kunden oder Partners und bereiten ihm kein schlechtes Gewissen. Sie erhalten ihm und sich selbst eine gute Stimmung. Anstelle sinnloser Diskussionen über Vergangenes sprechen Sie direkt über Lösungen in der Gegenwart. Sie bekommen das Problem viel schneller vom Tisch.

Sie nutzen den Anlaß, um die Qualität der Zusammenarbeit insgesamt zu verbessern. Die meisten Partner von Ihnen wissen selbst, daß bestimmte ihrer Wünsche nicht leicht zu erfüllen sind oder daß sie sich in einer bestimmten Situation falsch verhalten haben.

Ein Partner schätzt es deshalb sehr, wenn Sie ihm in diesen Fällen entgegenkommen und ohne große Klagen eine professionelle Leistung erbringen. Beim nächsten Projekt wird er Ihre Großzügigkeit nicht vergessen haben und von sich aus alles tun, um sich im positiven Sinne zu revanchieren.

Er wird sich Ihnen gegenüber in Zukunft ebenfalls wohlwollend verhalten, beispielsweise dann, wenn er selbst einmal die Möglichkeit zu einer Beschwerde hat. Er wird gleichzeitig darauf achten, seinen Fehler kein weiteres Mal zu begehen. Mit einer behutsamen Reaktion verstärken Sie seinen Willen, sich Ihnen gegenüber so zu verhalten, wie Sie es sich wünschen.

Bleiben Sie sich selbst treu

Wir haben ausführlich besprochen, welches Verhalten andere als anmaßend, überheblich und degradierend betrachten. Wir haben gesehen, was zu tun und was zu unterlassen ist, um die Würde und das Selbstwertgefühl eines beruflichen oder privaten Partners zu schützen.

Es gibt eine Regel, die in diesem Zusammenhang noch fehlt und die weniger Ihre Partner, sondern mehr Sie persönlich betrifft: Bleiben Sie sich selbst treu – verstellen Sie sich nicht!

Lassen Sie sich von Attacken mißgünstiger Zeitgenossen nicht verunsichern

Je erfolgreicher ein Mensch ist, desto mehr Neider treten auf den Plan. Je selbstbewußter er ist, desto weniger wird er von denen geschätzt, die selbst wenig zustande bringen und die unsicher sind und mit sich und ihrer Lage unzufrieden.

Fachlich können diese Personen einen erfolgreichen und selbstbewußten Menschen schwer angreifen. Was ihnen als Diffamierungsmöglichkeit übrigbleibt, ist der schwammige Vorwurf, er verhalte sich „arrogant" und „überheblich".

Lassen Sie sich von solchen Sprüchen nicht irritieren. Lassen Sie sich nicht von der einen Person bremsen, die Ihnen Ihre beruflichen Leistungen, Ihre gewinnende Art im Umgang mit Menschen und Ihr selbstbewußtes Auftreten als „Zeichen von Arroganz" vorhält.

Fangen Sie auch nicht an zu grübeln, ob nicht doch etwas an den Vorwürfen dran sein könnte. Achten Sie lieber darauf, wer Ihnen diese Vorhaltungen macht und welche Charakterzüge er trägt. Sie können fast immer sicher sein, einem Menschen gegenüberzustehen, der nichts lieber täte, als mit Ihnen zu tauschen, obwohl er sich ständig über Ihr Verhalten beklagt.

Versuchen Sie nicht, Ihre Erfolge zu verbergen und Ihre Persönlichkeit zu verstecken

Stehen Sie zu dem, was Sie tun und was Sie sind. Eine starke Persönlichkeit ist nie arrogant, sie hat es auch nicht nötig.

Stehen Sie deshalb auch zu Ihren Eigenarten und Ihren Leistungen. Freuen Sie sich über Ihre Erfolge, und seien Sie stolz auf sie. Halten Sie sich an die Prinzipien der Beziehungsintelligenz und an die Empfehlungen zum Thema Würdeerhaltung und Respekt, und Sie werden automatisch richtig handeln.

VII

Machen Sie die Begegnung mit Ihnen für Ihren Partner zu einem beeindruckenden Erlebnis:

Zeigen Sie Stil und Klasse in der Kommunikation und Zusammenarbeit

Sorgen Sie für Stil und Klasse im Umgang miteinander

Lassen Sie uns kurz daran erinnern, was Beziehungsintelligenz bedeutet. Es ist unter anderem die Fähigkeit, in besonderer Weise auf einen bestimmten Partner einzugehen, den Kontakt und die Zusammenarbeit für ihn zu einem außergewöhnlichen Ereignis zu machen und ihm ein Höchstmaß an positiver Stimmung zu liefern.

„Talent und Brillanz im Umgang mit Menschen“ ist deshalb untrennbar verbunden mit „Stil und Klasse“ im persönlichen Auftreten und Verhalten.

Ihre Partner sehnen sich nach einem stilvollen Umgang miteinander

Besonders im Berufsleben kann man oft den Eindruck gewinnen, daß Zeitdruck und Wettbewerb auf Kosten eines angenehmen, heiteren und gelösten Umgangs miteinander gehen. Verbissenheit, Sorge und Härte nehmen zu, Fröhlichkeit, Mut und Rücksichtnahme sind eher auf dem Rückzug.

Die meisten Menschen sehnen sich deshalb nach einem Umgangsstil, der den genannten Entwicklungen entgegenwirkt, auch im privaten Bereich. Sie möchten weder mit kaltschnäuzigen Egoisten zu tun haben noch mit nüchternen Technokraten und erst recht nicht mit manierenlosen Rüpeln.

Was sie sich dagegen wünschen, ist ein gesitteter, freundlicher und höflicher Partner, mit einer angenehmen, gepflegten und gewinnenden Lebensart. Was sie sich wünschen, ist eine Persönlichkeit mit Stil und Klasse.

Stil und Klasse verbinden Menschen

Zwischen Menschen mit Stil und Klasse besteht ein starkes Zusammengehörigkeitsgefühl. Sie erkennen einander sofort und gehen aufeinander zu. Sie liegen von ihrem Wesen her auf der gleichen Wellenlänge und besitzen ein hohes Maß an Verständnis füreinander.

Stil und Klasse beeindrucken im positiven Sinne. Es sind Eigenschaften, die praktisch jeden erfreuen und anziehen. Sie werden auch von denen bewundert und geschätzt, die selbst eher wenig davon besitzen.

Stil und Klasse haben Signalwirkung

Wir haben darüber gesprochen, wie schwierig es oft ist, die wirkliche Beschaffenheit fachlicher Leistungen zu erfassen. Der Stil der Kommunikation und des persönlichen Verhaltens ist dagegen auf Anhieb erkennbar. Für viele Menschen ist die Form, in der eine Leistung erbracht wird, deshalb ein Indikator für ihre Güte. Sie schließen aus der Qualität der Form auf die Qualität des „Inhalts".

Freundlichkeit und Höflichkeit bilden den Kern von Stil und Klasse

Freundlichkeit und Höflichkeit sind die beiden Hauptzutaten für ein stilvolles und gewinnendes Verhalten. Sie sind praktisch das erste, was ein Mensch bei einer Begegnung mit einer anderen Person wahrnimmt und worauf er achtet. Beide bilden den Einstieg in den persönlichen Kontakt und stellen die Weichen für seinen weiteren Verlauf und für die Entwicklung der Beziehung insgesamt.

Freundlichkeit und Höflichkeit sind Basiselemente für „Talent und Brillanz im Umgang mit Menschen". Sie bestätigen und verstärken alle Maßnahmen, mit denen „Besondere Beziehungen" geschaffen werden. Die Lieferung von Achtung, Respekt und Sympathie ist ohne Freundlichkeit und Höflichkeit völlig unmöglich.

So selbstverständlich Freundlichkeit und Höflichkeit erscheinen, so selten wird durchdacht, was sie im einzelnen bedeuten, und so selten werden sie konsequent und wirkungsvoll genutzt. Die meisten Menschen bleiben bei ihrer persönlichen Entwicklung irgendwann auf einem bestimmten Freundlichkeits- und Höflichkeitsniveau stehen. Sie passen sich dem Verhalten an, das in ihrem Umfeld üblich ist. Sie übersehen, daß es besonders auf diesen Feldern unzählige Möglichkeiten gibt, noch besser zu werden.

Lassen Sie uns deshalb in den folgenden Kapiteln sehen, auf welche Weise Sie Ihre beruflichen und privaten Partner mit „Stil und Klasse" beeindrucken und begeistern und wie es Ihnen gelingt, sich mit Ihrem Verhalten von allen anderen erkennbar abzuheben.

Starten Sie mit einer Selbstanalyse

Es gibt wenige Gebiete, bei denen die Möglichkeit einer Fehleinschätzung der Lage so groß ist, wie bei der Beurteilung des eigenen Verhaltensstils. Besonders in bezug auf Freundlichkeit und Höflichkeit glauben die meisten Menschen, daß sie sich automatisch angemessen und richtig verhalten.

Entscheidend ist hier aber nicht, wie man sich selbst sieht und einschätzt, sondern vielmehr, welche Wirkung man auf andere ausübt und wie man von anderen Menschen gesehen und beurteilt wird.

Zwei Beispiele zeigen den Unterschied in der Wahrnehmung:

Der Geschäftsführer eines angesehenen Unternehmens soll die Begrüßungsworte bei einer wichtigen Informationsveranstaltung für die besten Handelspartner seines Hauses sprechen.

Er kommt fünf Minuten zu spät. Er trägt weder Sakko noch Krawatte. Er ist anscheinend inhaltlich unvorbereitet. Er erklärt den Zuhörern, daß er gerade in einer Besprechung mit bedeutenden Kunden aus Fernost war und sich danach sofort der beiden genannten Kleidungsstücke entledigt hat, weil er ja nun nicht mehr mit „echten Kunden" zu tun habe. Er betrachtet sein Auftreten offensichtlich als Demonstration seines „lässigen" und „unkomplizierten" Umgangsstils mit Partnern seines Unternehmens.

Die Händler empfinden anders. Sie haben eine lange Anreise hinter sich. Sie betrachten ihren Besuch bei „ihrem" Hersteller als besonderes Ereignis, für das sie Zeit und Geld einsetzen. Sie haben sich dem Anlaß entsprechend elegant gekleidet. Sie sehen das Verhalten des Geschäftsführers nicht als Beweis für ein spezielles Vertrauensverhältnis, sondern als Zeichen dafür, daß sie bei ihm einen weit geringeren Status genießen als seine Direktkunden.

Das zweite Beispiel kommt aus dem Privatbereich. Ein junger Journalist besucht zusammen mit seiner Frau und seiner dreijährigen Tochter ein Restaurant. Die Inhaberin möchte sich besonders aufmerksam zeigen. Ehe die Eltern eingreifen können, stürzt sie auf das kleine Mädchen zu, beginnt in Babysprache auf es einzureden, nimmt seine Hände und versucht, es näher an sich heranzuziehen.

Die Eltern unterbinden jede weitere Aktion. Beide empfinden das Verhalten der Restaurantinhaberin nicht als freundlich oder nett, sondern als unangenehm und aufdringlich. Sie möchten nicht, daß eine fremde Person auf derart enge Tuchfühlung mit ihrer Tochter geht.

Lassen Sie den Dingen nicht einfach ihren Lauf

„Stil und Klasse" ergeben sich eben nicht automatisch, ohne Nachdenklichkeit und ein gewisses Maß an Selbstdisziplin. Oft genügen bereits kleine Unbedachtheiten, um das Gegenteil von dem zu bewirken, was man möchte.

Verfahren Sie deshalb nicht völlig einseitig nach dem Motto „So bin ich eben". Gehen Sie auch nicht davon aus, schon vor Urzeiten den Olymp an „Eleganz" und „Kunstfertigkeit" im

Verhalten erklommen zu haben. Gehen Sie vielmehr bei der Sicherung eines gewinnenden Verhaltensstils genauso zielstrebig vor wie bei der Weiterentwicklung fachlicher Fähigkeiten.

Beobachten Sie sich selbst

Treten Sie von Zeit zu Zeit gedanklich einen kleinen Schritt zur Seite, und beobachten Sie sich selbst aus einer gewissen Distanz. Stellen Sie sich die Frage, wie Sie mit Ihrem Verhalten auf Ihre Mitmenschen wirken.

Überprüfen Sie, welches Bild Sie mit dem abgeben, was Sie in bestimmten Situationen üblicherweise sagen oder tun. Überlegen Sie, ob Sie von anderen tatsächlich so gesehen werden, wie Sie es sich vorstellen. Überlegen Sie anschließend, was Sie an Ihrem Verhalten ändern müssen, um bei Ihren Partnern den Eindruck zu erzielen, den Sie im Grunde anstreben.

Sinn hierbei ist selbstverständlich nicht, sich ständig selbst in Frage zu stellen oder stets zu versuchen, sich an alle anderen anzupassen. Das Ziel liegt vielmehr darin, seinen eigenen Verhaltensstil zuverlässig einschätzen und entsprechend steuern zu können.

Behalten Sie sich also immer selbst im Blick. Nutzen Sie nicht nur Momente der Ruhe für Ihre Selbstanalyse, sondern achten Sie auch während Ihrer Begegnungen und Gespräche mit Ihren Partnern auf die Wirkung Ihres Verhaltens. Stellen Sie sich besonders in schwierigen Situationen, beispielsweise bei Verhandlungen oder in Diskussionen, zwischendurch die beiden Hauptfragen: „Verhalte ich mich im Augenblick so, wie ich möchte?“ und „Wirke ich im Augenblick so, wie ich möchte?“.

Wie wirken Sie auf Ihren Partner?

Welches Bild geben Sie ab

- **mit dem, was Sie <u>sagen</u>?**
- **mit dem, was Sie <u>tun</u>?**

Was müssen Sie an Ihrem Verhalten ändern,
<u>um den Eindruck zu erzielen, den Sie sich wünschen?</u>

STEFAN F. GROSS - ERFOLGSFORMEL

Je geübter Sie in der Beurteilung Ihrer Wirkung auf Ihre Mitmenschen werden, desto einfacher fällt es Ihnen, einen beeindruckenden und gewinnenden Umgangsstil zu entwickeln.

Verfahren Sie nach Ihren persönlichen Standards

„Stil" kann definiert werden als „gleichbleibendes Verhalten in wechselnden Bedingungen". Das Maß an „Stil und Klasse" ergibt sich nicht aus einer einmaligen Bemühung, sondern aus der Summe von vielen kleinen und großen Handlungen in der persönlichen Kommunikation und Zusammenarbeit.

Etablieren Sie deshalb bei sich konkrete Standards

Überlegen Sie, an welche Grundregeln Sie sich künftig beim Umgang mit Ihren Kunden und Partnern halten möchten. Entscheiden Sie, welche Verhaltensweisen Sie bei sich etablieren und sichern wollen und welche Sie unbedingt streichen sollten.

Durch die Entwicklung von Standards durchdenken Sie das Thema „Stil und Klasse" insgesamt. Sie analysieren automatisch Ihr bisheriges Verhalten und machen sich Ihre Stärken und möglichen Schwächen bewußt. Das Setzen von Standards entspricht einer Art positiver Selbstkonditionierung.

Die Ansatzpunkte für gewinnbringende Verhaltensgrundsätze sind unbegrenzt

Denken Sie beispielsweise an den Bereich der telefonischen Kommunikation. Stellen Sie sich vor, ein Partner versucht, Sie während Ihrer Abwesenheit telefonisch zu sprechen, und ihm wird mitgeteilt, daß Sie „am Nachmittag“ wieder erreichbar seien.

Ein Grundsatz für „Stil und Klasse“ lautet in diesem Zusammenhang: Rufen Sie so schnell wie möglich selbst zurück. Ersparen Sie Ihrem Partner die Mühe eines zweiten Versuchs, und zeigen Sie ihm, daß er Ihnen eine schnelle Kontaktaufnahme wert ist.

Wenn Sie dagegen warten, bis er Ihnen zuvorkommt, geraten Sie in eine defensive Situation. Sie können das Gespräch nur mit einer Entschuldigungslitanei für Ihre mangelnden Bemühungen beginnen: „Ich hatte schon gehört, daß Sie angerufen haben. Tut mir leid, ich wollte mich längst melden, aber ich hatte so viel um die Ohren, daß ich noch nicht dazugekommen bin ...“

Mit Standards gewinnen Sie an Souveränität

Die meisten Menschen leben nach dem Motto „Schwankende Tagesform“. Sie passen ihr Verhalten ihrer Laune an und wägen bei jedem Partner von neuem ab, ob sich Liebenswürdigkeit und Manieren lohnen oder ob sie sich gehen lassen können.

Wenn Sie dagegen über feste Regeln verfügen, werden Sie unabhängig von derartigen Schwankungen. Sie überlassen es nicht einer zufälligen Gemütsverfassung, wie Sie auftreten und wie Sie handeln. Sie haben die Sicherheit, automatisch das zu tun, was Sie als richtig erkannt haben. Es fällt Ihnen viel einfacher, sich konsequent und ohne „Ausreißer“ auf eine bestimmte Weise zu verhalten.

Darüber hinaus schützen Sie sich vor einer negativen Beeinflussung von außen. Sie sind davor gefeit, sich von den Unzulänglichkeiten anderer anstecken oder bremsen zu lassen, mit dem Gedanken: „Die anderen machen auch nicht mehr als ich ..."

Mit Standards etablieren Sie eine Verhaltenskonstante

Sie zeigen ein bestimmtes Verhaltensmuster, das für alle anderen deutlich erkennbar ist. Sie definieren im eigentlichen Sinne des Wortes Ihren persönlichen Stil und demonstrieren nach außen, was Sie als angemessen und niveauvoll im Umgang mit Menschen betrachten.

Sie geben Ihren beruflichen und privaten Partnern die Gewißheit, ein bestimmtes Verhalten von Ihnen erwarten zu können, und liefern ihnen gleichzeitig die Mosaiksteine des positiven Gesamtbildes, das sie von Ihnen gewinnen sollen.

Achten Sie konsequent auf Freundlichkeit

Freundlichkeit ist ein Hauptelement von „Stil und Klasse" und von echter Beziehungsintelligenz. Sie ist die Basis für ein gesittetes und gewinnendes Verhalten und absolut entscheidend für die Entwicklung beruflicher und privater Partner zu Freunden und Verbündeten.

Wirkliche Freundlichkeit ist eine positive Charaktereigenschaft. Sie ist keine Taktik und keine Methode, sondern Teil einer angenehmen Wesensart. Sie ist gleichzeitig ein Ausdruck an innerem Reichtum und äußert sich in Liebenswürdigkeit, Herzlichkeit und Charme.

Falsche Freundlichkeit wird schnell durchschaut

Es gibt eine Vielzahl von Indikatoren, die das wirkliche Maß der Freundlichkeit eines Menschen innerhalb kürzester Zeit offenbaren. Freundlichkeit ergibt sich immer aus einer Mischung von Worten und Taten. Wenn die Taten nicht zu den Worten passen, wenn der Gesichtsausdruck das Gegenteil von dem zeigt, was gesagt wird, dann bricht der Eindruck von Freundlichkeit zusammen wie ein Kartenhaus.

Gespielte Freundlichkeit erfordert deshalb eine zu große Anstrengung. Sie läßt sich nicht lange durchhalten. Bei der ersten Hürde, die in einem Gespräch auftaucht, läßt ein Mensch, der seine Freundlichkeit nur spielt, die Maske fallen.

GFT

Freundlichkeit

ist keine Taktik
und keine Methode,

sondern eine

positive Charakter-eigenschaft!

STEFAN F. GROSS - ERFOLGSFORMEL

Mit Freundlichkeit bieten Sie enormen Nutzen

Freundlichkeit hat Tiefenwirkung. Sie ist auch aus der Sicht Ihres Partners alles andere als eine oberflächliche Verhaltensweise. Er schließt aus dem Grad Ihrer Freundlichkeit, welche Einstellung Sie zu ihm haben, wie sehr Sie ihn mögen und wie gerne Sie mit ihm zusammen sind. Er erkennt Ihre Einstellung anderen Menschen gegenüber insgesamt.

Ihre Freundlichkeit ist für ihn aber noch mehr als ein Sympathiebeweis. Mit Freundlichkeit bestätigen Sie ihm Ihr persönliches Engagement. Sie zeigen, daß seine Ziele und Anliegen für Sie wichtig sind und daß Sie sich auch dann für ihn einsetzen werden, wenn einmal ein Problem entsteht.

Mit Freundlichkeit liefern Sie Ihrem Partner deshalb ein Sicherheitsgefühl. Sie demonstrieren ihm, daß Sie ihm wohlgesonnen sind, und schaffen für ihn eine Atmosphäre der Vertrautheit und Unbefangenheit. Möglicherweise ist dies die größte Wirkung von Freundlichkeit überhaupt.

Mit Freundlichkeit gewinnen Sie fast jeden Menschen

Freundlichkeit wirkt direkt. Sie bezieht sich unmittelbar auf Ihr Gegenüber. Freundlichkeit wirkt sofort. Sie muß nicht erst langsam „einsickern". Ein freundliches Wort kann genügen, um die Lage völlig zu verändern und eine gelöste und heitere Stimmung zu schaffen.

Mit Freundlichkeit machen Sie die Zusammenarbeit für Ihren Partner zu einem erfreulichen Ereignis. Sie werden aus seiner Sicht zu einem angenehmen und sympathischen Menschen. Sie verringern Widerstände und lassen Barrieren verschwinden. Sie stellen sicher, daß Sie bei Ihrem Partner willkommen sind und daß er Ihre Anwesenheit schätzt.

Freundlichkeit wirkt langfristig und öffnet Ihnen verborgene Türen. Sie hinterläßt bei Ihrem Partner ein gutes Gefühl und eine positive Erinnerung, die er lange speichert. Es gilt eine alte Weisheit: Freundlichkeit können Sie nie verschenken, Sie bekommen sie immer wieder zurück.

Verbannen Sie Unfreundlichkeit

Besonders in Deutschland ist Freundlichkeit eher Mangelware. Wenn man über die Ursachen nachdenkt, stößt man auf das Phänomen einer seltsamen Einstellung.

In Deutschland dominiert das „Recht auf Unfreundlichkeit"

Besonders bei uns scheinen viele Menschen der Überzeugung zu sein, daß sie ein Recht darauf haben, sich anderen gegenüber unfreundlich zu verhalten. Sie erheben den Anspruch, ihre eigene Mißlaunigkeit, Unzufriedenheit und Lustlosigkeit ausleben und an andere weitergeben zu dürfen.

Sie betrachten es als geradezu lächerlich, sich gegenüber einem Partner liebenswürdig und bemüht zu verhalten, wenn sie selbst gerade ein negatives Erlebnis hatten oder einen „schlechten Tag" erwischt haben. An Begründungen für ihren Anspruch fehlt es ihnen nicht:

„Man muß doch man selbst bleiben dürfen ..."

„Sie werden doch nicht erwarten, daß ich mich verstelle ..."

„Was wollen Sie, um mich bemüht sich doch auch niemand ..."

Menschen dieser Art bilden eine spezielle Art von Egoisten. Sie denken nur an sich selbst. Es ist ihnen völlig gleichgültig, in welche Situation und Stimmung sie ihre Mitmenschen mit ihrer Einstellung und ihrem Verhalten bringen.

Unfreundlichkeit ist absurd

Es grenzt an mangelnden Verstand, die beschriebene Einstellung zu teilen und sich einem Partner gegenüber unfreundlich zu verhalten. Unfreundlichkeit ist in jeder Hinsicht sinnlos. Sie verbessert nicht etwa das eigene Befinden, sondern bewirkt, daß sich die eigene Laune immer weiter verschlechtert.

Unfreundlichkeit hat auch keine erzieherische Wirkung. Es ist noch nie gelungen, einen Menschen mit Hilfe von Unfreundlichkeit dazu zu bringen, sich so zu verhalten, wie man das gerne hätte. Man erreicht das Gegenteil. Je unfreundlicher man auftritt, desto weniger ist der andere gewillt, einen Wunsch oder eine Forderung zu erfüllen.

Unfreundlichkeit verdirbt alles

Kein beruflicher oder privater Partner ist bereit, sich Unfreundlichkeit bieten zu lassen. Er empfindet sie als persönlichen Angriff und als Zeichen dafür, daß man ihn nicht mag und daß er unerwünscht ist.

Im Berufsleben ist Unfreundlichkeit geradezu tödlich. Sie vernichtet, was an positiven Elementen geboten wird. Die Qualität einer fachlichen Leistung kann noch so hoch sein, ein abfälliger Kommentar und mürrischer Blick genügen, um den gesamten Aufwand zunichte zu machen. Auch im Privaten zerstört Unfreundlichkeit alles – die Atmosphäre des Zusammenseins, die Stimmung des anderen, die Beziehung insgesamt.

Nachträgliche Schutzbehauptungen bringen nichts

Für einen Partner ist es bedeutungslos, ob ein unfreundliches Verhalten beabsichtigt ist oder ob es auf Gedankenlosigkeit beruht. Für ihn entscheidet allein die negative Wirkung auf sein Wohlbefinden.

Schutzbehauptungen mit der Aussage „Das habe ich doch nicht so gemeint“ oder „Das müssen Sie falsch verstanden haben“ bewirken deshalb keine Verbesserung. Auch hier gilt das Gegenteil. Derartige Floskeln verstärken noch das Problem, weil sie dem anderen indirekt zu verstehen geben, daß er mit seiner mangelhaften Auffassungsgabe selbst die Ursache für die entstandene Mißstimmung ist.

Lassen Sie sich daher von der geschilderten Mentalität nie anstecken

Selbstverständlich können Sie nicht täglich in Bestform sein, und selbstverständlich schwankt auch einmal Ihre Stimmung. Leiten Sie daraus aber nie das Recht ab, für Ihre „Unpäßlichkeit“ andere büßen lassen zu dürfen. Verbannen Sie alles aus Ihrem Verhalten, was mit Unfreundlichkeit zu tun hat. Betrachten Sie es als eine Art „Ehrensache“, Ihrem Gegenüber die Begegnung mit Ihnen so angenehm wie möglich zu machen.

Ihre Bemühtheit um Freundlichkeit strahlt auf Sie selbst zurück. Freundlichkeit und positives Denken sind eng miteinander verbunden. Mit Freundlichkeit anderen gegenüber geben Sie sich selbst Kraft und konditionieren sich für ein offensives Handeln. Dem Freundlichen gehört die Welt.

Verhalten Sie sich charmant und liebenswürdig

Freundlichkeit, Herzlichkeit und Charme gehören zusammen. Herzlichkeit ist der Beweis dafür, daß die Freundlichkeit echt ist und in die Tiefe geht. Charme hat noch größere Wirkung.

Mit Charme verzaubern Sie Menschen

Das Wort „Charme" kann auf den Begriff „Zauber" zurückgeführt werden. Charme ist die höchste Stufe der Liebenswürdigkeit und die eleganteste Art und Weise, „Stil und Klasse" zu zeigen. Mit Charme ziehen Sie einen Menschen unwiderstehlich an und gewinnen ihn für sich. Sie sorgen dafür, daß er sich in Ihrer Gegenwart wohl fühlt und daß er es als Glücksfall betrachtet, mit Ihnen zusammenzusein.

Charme ist das Merkmal einer angenehmen Wesensart

Charme ist Ausdruck einer positiven Geisteshaltung. Eine Persönlichkeit mit echtem Charme hat Freude am Zusammensein und am Gedankenaustausch mit anderen Menschen. Sie kann die individuellen Besonderheiten eines Partners erkennen und betont seine Vorzüge immer wieder. Sie macht den anderen zum Mittelpunkt und gibt ihm das feste Gefühl, daß sich alles nur um ihn dreht.

Charme erzeugt ein Gefühl der Leichtigkeit

Eine charmante Persönlichkeit erleichtert es ihrem Gegenüber, seine Gedanken zu äußern. Sie begegnet seinen Überlegungen mit Enthusiasmus und Wohlwollen. Charme macht es möglich, auch ernste oder trockene Themen in einer Stimmung der „heiteren Gelassenheit" zu besprechen.

Es gibt Personen mit einem ausgeprägten Charme-Defizit

Personen ohne Charme sind oft fachlich qualifiziert, aber völlig desinteressiert an den Empfindungen ihrer Mitmenschen. Weil ihnen das entsprechende Einfühlungsvermögen fehlt, glauben sie, daß Charme eine überflüssige und oberflächliche Eigenschaft ist.

Sie versuchen, mangelnden Charme durch betonte Sachlichkeit zu kompensieren. Sie sind überzeugt, daß persönliche Distanz und kühle Nüchternheit beeindruckende Mittel der Selbstdarstellung sind. Von Zeit zu Zeit unternehmen sie den Versuch, ihrem Gegenüber Herzlichkeit vorzuspielen, indem sie ein Standardkompliment oder eine Höflichkeitsfloskel abschießen.

Das Zusammensein oder die Zusammenarbeit mit Personen dieses Schlages ist für alle anderen eine Qual. Fehlender Charme und fehlende Herzlichkeit bedeuten aus Sicht der meisten auch fehlende Menschlichkeit.

Nutzen Sie Ihre Gabe, sich gegenüber Ihren Partnern charmant zu verhalten

Sicher hängt das Maß an Charme von der Persönlichkeit und dem Wesen eines Menschen ab. Es gibt Personen, die mit der Gabe des Charmes regelrecht „gesegnet" sind.

Gleichzeitig gilt aber, daß sich Charme in ganz konkreten Verhaltensweisen manifestiert. Wer sich an die entscheidenden Regeln hält, wirkt automatisch charmant und liebenswürdig. Lassen Sie uns deshalb betrachten, mit welchem Verhalten Sie eine „anziehend-gewinnende Wesensart" ausstrahlen.

Lassen Sie Ihren Partner wissen, daß Sie seine Anwesenheit schätzen.

Begrüßen Sie ihn mit Enthusiasmus, und liefern Sie ihm die Botschaft: „Ich freue mich, mit Ihnen zusammenzusein." Zeigen Sie ihm, daß Sie sich völlig auf die Begegnung mit ihm eingestellt haben. Erzählen Sie, was Sie getan haben, um möglichst viel Zeit für ihn zu haben und eine ungestörte Unterhaltung mit ihm führen zu können.

Gehen Sie auf seine Gemütslage ein.

Teilen Sie seine Fröhlichkeit, wenn er voller Begeisterung von einer Begebenheit erzählt. Verstärken Sie seine gute Laune. Vermitteln Sie ihm nicht den Eindruck, Sie könnten kaum begreifen, wie man sich über den von ihm geschilderten Sachverhalt so freuen könne.

Reagieren Sie andererseits nicht als Frohnatur, wenn Ihr Partner ein Problem auf dem Herzen hat. Überschütten Sie ihn nicht mit ausgelassener Sorglosigkeit, wenn er eine ernsthafte Antwort möchte. Lassen Sie ihn in solchen Fällen erst einmal zur Ruhe kommen. Hören Sie sich geduldig an, was er Ihnen sagen möchte. Gehen Sie behutsam und schrittweise vor, um ihn von einer negativen Stimmung zu befreien.

Spielen Sie ihm den Ball zu.

Viele Ergebnisse und Lösungen werden Sie gemeinsam mit Ihrem Partner entwickeln. Lassen Sie ihm den Vortritt bei der „Zuordnung“ des Erfolges. Betonen Sie seinen Anteil an der Entwicklung einer guten Idee. Geben Sie ihm das Gefühl, daß er es ist, der besonders zum Gelingen des Gespräches beiträgt.

Beziehen Sie Ihren Partner in Ihre Gedanken und Handlungen mit ein.

Charmantes Verhalten bedeutet auch, so viele Gemeinsamkeiten wie möglich zu schaffen. Beziehen Sie Ihren Partner deshalb in alles mit ein, was Sie tun oder sagen.

Schildern Sie Ereignisse so, daß er sie nachvollziehen und verstehen kann. Geben Sie ihm die erforderlichen Hintergrundinformationen, und erläutern Sie ihm Ihre Beweggründe. Lassen Sie ihn an Ihren Gedankengängen teilhaben. Erzählen Sie ihm, welche Überlegungen Sie zu einem bestimmten Ergebnis geführt haben.

Fragen Sie ihn von Zeit zu Zeit, ob er mit Ihren Gedanken und Aussagen einverstanden ist und ob er die Dinge ähnlich sieht, wie Sie. Liefern Sie ihm Ansatzpunkte, die es ihm erleichtern, einen Kommentar abzugeben und auch seine Meinung zu äußern.

Bremsen Sie Ihr Ego.

Versuchen Sie nicht, Ihren Partner bei der Erzählung von Erfolgen zu übertrumpfen. Lassen Sie ihm bei Diskussionen häufiger das letzte Wort. Korrigieren Sie ihn nicht bei Kleinigkeiten oder bei Themen, die von der Sache her völlig unwichtig sind. Ihr Ziel kann nicht sein, stets der Größte zu sein, sondern die Wertschätzung, das Wohlwollen und die Unterstützung Ihres Partners zu gewinnen.

Zeigen Sie Toleranz.

Verbissenheit und Rechthaberei sind die Feinde von Charme. Akzeptieren Sie deshalb kleine persönliche Mängel und Fehler Ihres Partners, sofern diese zu keiner unzumutbaren Belastung werden.

Entscheiden Sie innerlich im Zweifel „zu seinen Gunsten", wenn Sie über ihn als Menschen und über seine speziellen Eigenarten nachdenken. Konzentrieren Sie sich auf seine Vorzüge und weniger auf das, was Sie möglicherweise als störend empfinden. Denken Sie daran, welche tolerante Einstellung Sie sich wünschen, wenn es um Sie selbst geht.

Unterhalten Sie Ihren Partner.

Der Begriff Unterhaltung hat zwei Bedeutungen, „Gespräch" und „Vergnügen". Lassen Sie letzteres für Ihren Partner nicht zu kurz kommen.

Hetzen Sie nicht von einer wichtigen Frage zur nächsten. Gönnen Sie Ihrem Partner Erholungspausen. Flechten Sie immer wieder entspannende und heitere Elemente in das Gespräch ein. Überlegen Sie, mit welchen zum Thema passenden Stories und Beispielen Sie ihn unterhalten können.

Lassen Sie Ihren Partner zu Ende erzählen, wenn er von sich aus mit einem für ihn interessanten Thema startet. Springen Sie nicht abrupt zurück zum sachlichen Teil der Unterhaltung, sondern lassen Sie diese Gesprächsphase in Ruhe ausklingen.

Machen Sie Ihrem Partner ein freundliches Kompliment.

Erinnern Sie sich an die Bedeutung von Anerkennung. Es ist nicht nötig, eine Großtat oder herausragende Charaktereigenschaft eines Partners anzusprechen, um liebenswürdig und charmant zu sein. Ein kleines, aber herzliches Kompliment genügt vollkommen.

Achten Sie auf kleine Gesten.

Besonders in bezug auf Charme gibt es kleine Gesten, die wenig Aufwand erfordern und die dennoch eine große Wirkung haben. Sie berühren den anderen persönlich und sprechen ihn auf besondere Weise an. Die folgenden Empfehlungen beschreiben Gesten dieser Art:

Schenken Sie Ihrem Partner bei der Begrüßung und der Verabschiedung einen festen Händedruck, der einen Moment länger als üblich und damit intensiver und herzlicher ist.

Nehmen Sie ihm an der Garderobe den Mantel ab, und hängen Sie den Mantel ordentlich für ihn auf. Reichen Sie ihm den Garderobenbügel, wenn er seinen Mantel selbst aufhängen möchte.

Begleiten Sie ihn nach einem Treffen hinaus, nicht nur zur Tür Ihres Raumes, sondern auch durch das Treppenhaus oder bei seiner Fahrt im Lift, bis zur eigentlichen Ausgangstür Ihres Gebäudes. Helfen Sie ihm beim Tragen, wenn er mehrere schwere Gegenstände zu schleppen hat, insbesondere dann, wenn Sie der Lieferant der Objekte waren.

Das Prinzip hinter allen diesen Gesten lautet: Bemühen Sie sich stärker um Ihren Partner, als er dies von anderen gewöhnt ist. Zeigen Sie ihm auch bei Kleinigkeiten, daß Sie sich in besonderer Weise mit ihm verbunden fühlen.

Lächeln Sie häufiger

Ihre Freundlichkeit zeigt sich in Ihrem Gesichtsausdruck. Schenken Sie Ihren Mitmenschen deshalb so häufig wie möglich ein herzliches Lächeln.

Mit einem Lächeln erfreuen Sie Ihren Partner

Ein lächelnder Mensch ist ein erfreulicher Anblick. Mit einem Lächeln bauen Sie eine persönliche Verbindung zwischen Ihnen und Ihrem Partner auf. Sie schaffen eine angenehme Atmosphäre und versetzen ihn in eine positive Stimmung. Sie machen aus einer nüchternen Besprechung eine belebte Unterhaltung.

Aus der Sicht des anderen bedeutet Ihr Lächeln, daß Sie ihm „freie Fahrt" geben. Sie zeigen ihm, daß er keine großen Kraftakte unternehmen muß, um Ihre Aufmerksamkeit und Zuwendung zu gewinnen. Sie signalisieren ihm Ihre Zustimmung und bestärken ihn in seinen Gedanken. Ein Lächeln und ein unterstützendes Nicken motivieren ihn, sich Ihnen gegenüber offen und ehrlich zu äußern.

Ein mürrischer Mensch bewirkt das Gegenteil

Kaum etwas wirkt unfreundlicher auf einen Menschen, als ihm mit mißmutiger Miene zuzuhören. Erstarrte Gesichtszüge beweisen keine Stärke, sondern sind ein Zeichen von Desinteresse und Ablehnung.

Blicken Sie Ihren Gesprächspartner deshalb niemals verkniffen an, als hätten Sie Zitronenscheiben auf der Zunge oder saure Gurken in den Backen. Machen Sie auch kein Betongesicht. Tun Sie nicht so, als würden Sie in der Zeit des kalten Krieges Rüstungsverhandlungen mit dem Oberbefehlshaber der Roten Armee führen.

Wen Sie mürrisch ansehen, der blickt mürrisch zurück. Er empfindet Ihr Verhalten nicht nur als unfreundlich, sondern auch als unhöflich und aggressiv. Wer niemals lächelt, gewinnt niemals Freunde.

Mißbrauchen Sie Ihr Lächeln nicht als „Methode“

Ein künstliches Lächeln wird von anderen sofort erkannt. Es kommt zum falschen Zeitpunkt und an einer unpassenden Stelle des Gespräches. Die Augen bleiben kalt und spielen nicht mit. Es fehlen die Herzlichkeit und die innere Anteilnahme.

Setzen Sie deshalb nie eine „Freundlichkeits-Maske“ auf. Bestätigen Sie Ihre positive Ausstrahlung auch durch Ihre innere Einstellung.

Übertreiben Sie es nicht. Machen Sie aus einem Lächeln kein Grinsen. Werden Sie nicht zum Dauerlächler. Erwecken Sie nicht den Eindruck, einer zeitweisen Gesichtsmuskellähmung zu unterliegen.

Konzentrieren Sie sich auf die eigentlichen Aussagen Ihres Partners. Bringen Sie Ihren Gesichtsausdruck in Einklang mit dem, was Sie hören. Lächeln Sie nicht konsequent weiter, wenn Ihr Gegenüber Ihnen ausführlich von einer tragischen Begebenheit erzählt.

Mit einem echten Lächeln verbessern Sie Ihre eigene Stimmung

Wissenschaftliche Untersuchungen beweisen, daß man mit einem echten Lächeln, das alle Gesichtszüge erfaßt, speziell die Augenregion, selbst die eigene Stimmung verbessert. Man konditioniert sich positiv und vertreibt die negativen Gedanken.

Mit einem echten Lächeln verhält es sich ähnlich wie mit einem herzhaften Lachen. Wer zu einem echten Lachen kommt, kann sich nicht mehr ärgern.

Es wird weniger gelächelt, als Sie glauben

Es gibt Orte, in denen ein Lächeln so selten zu finden ist, wie Wasser in der Wüste. Denken Sie beispielsweise an morgendliche oder abendliche Fahrten in vollbesetzten öffentlichen Verkehrsmitteln oder an den Gesichtsausdruck von Menschen, die mit einem Aktenkoffer in der Hand und einem Trenchcoat über dem Arm auf den Abflug der Sieben-Uhr-Maschine nach Frankfurt (oder einer beliebigen anderen deutschen Großstadt) warten.

Machen Sie einmal einen kleinen Test. Beobachten Sie die Miene der Menschen, denen Sie bei Ihren Spaziergängen auf offener Straße begegnen. Sehen Sie sich den Gesichtsausdruck Ihrer Begleiter bei einer kurzen Liftfahrt an. Achten Sie darauf, von wie vielen Verkäufern Sie mit einem strahlenden Lächeln begrüßt werden, wenn Sie ein Geschäft betreten.

Wer lächelt, hebt sich erkennbar vom Verhalten der meisten seiner Mitmenschen ab. Er wirkt wie ein helles Licht in einer oft trüben Umgebung.

Wählen Sie verbindliche Formulierungen

Selbstverständlich spielt bei „Stil und Klasse" und speziell bei Freundlichkeit und Höflichkeit die Sprache eine entscheidende Rolle. Nehmen Sie deshalb die Empfehlung der „verbindlichen Formulierungen" wörtlich. Achten Sie darauf, daß Ihre Wortwahl die Verbindung zwischen Ihnen und Ihrem Partner verstärkt.

Verwenden Sie liebenswürdige Einleitungen

Vermeiden Sie einen Befehlston oder barsche Kurztexte, nach dem Motto „Kein Wort mehr als nötig". Verkünden Sie Ihre Gedanken nicht grausam direkt und kompromißlos, sondern diplomatisch und liebenswürdig. Wählen Sie eine „sanfte" Einleitung, mit der Sie Ihre Aussage der Form nach mildern und entschärfen:

- ★ *„Wenn es Ihnen recht ist ..."*
- ★ *„Wenn Sie mir erlauben ..."*
- ★ *„Ich würde mich sehr freuen ..."*

Mit einer Einleitung dieser Art bereiten Sie Ihren Partner auf Ihre eigentliche Aussage vor. Sie geben ihm die Möglichkeit, nachzudenken und zu einer ebenfalls verbindlichen Antwort zu kommen. Sie lassen ihm einen Ausweg und seine eigene Meinung. Wenn Sie ihn dagegen mit Ihren Gedanken wie mit einem unumstößlichen Ergebnis konfrontieren, kann er nur noch mit einem schicksalsergebenen *Ja* oder mit einem konsequenten und harten *Nein* reagieren.

Formulieren Sie Ihre Gedanken so, daß Ihr Partner das Gefühl hat, daß Sie seine Anliegen mit berücksichtigen

Achten Sie besonders dann auf verbindliche Formulierungen, wenn Sie Ihrem Gegenüber widersprechen oder wenn Sie ihm eine verneinende Antwort liefern müssen. Verfahren Sie nicht nach dem Ansatz „Die Wahrheit tut weh" und „Was ihn nicht umbringt, macht ihn hart". Vermeiden Sie beispielsweise folgende Texte:

„Was Sie da sagen, ist falsch ..."

„Das ist eine schlechte Idee ..."

„Das können wir in gar keinem Fall machen ..."

Gehen Sie statt dessen mit einem Stufenplan vor. Zeigen Sie zunächst, daß Sie die Auffassung Ihres Partners respektieren, bevor Sie zu Ihrer Entgegnung kommen:

„Ich kann Ihre Gedanken gut verstehen. Vielleicht darf ich Ihnen einmal sagen, was aus meiner Sicht die beste Vorgehensweise wäre."

Je härter Sie bei der Sache bleiben wollen, je weniger inhaltliche Zugeständnisse Sie machen möchten oder können, desto wichtiger wird es für Sie, bei Ihrer Sprache auf Freundlichkeit und Höflichkeit zu achten. Bei sachlichen Themen ist ein Partner in den meisten Fällen bereit, eine gegenteilige Meinung zu akzeptieren. Beim Thema der Freundlichkeit macht er weit weniger Konzessionen.

Werden Sie zu einem Vorbild an Höflichkeit

Höflichkeit ist das zweite Kernelement von „Stil und Klasse" und wie Freundlichkeit eine Grundvoraussetzung für wirkliche Beziehungsintelligenz. Wenn man nach den Wurzeln des Begriffes forscht, kommt man zu einer Definition, die zeigt, wie groß die Bedeutung von Höflichkeit ist: „Höflichkeit" ist ein Verhalten, „wie es sich gehört". Wer nicht höflich ist, verhält sich automatisch falsch. Er verspielt alle Chancen auf „Besondere Beziehungen".

Höflichkeit beruht auf Anstand und Gesittung

Höflichkeit bedeutet, gegenüber beruflichen und privaten Partnern auf ordentliche, angemessene und ehrenhafte Weise aufzutreten. Sie bildet die Basis für gutes, passendes und richtiges Benehmen und für eine erfolgreiche persönliche Kommunikation und Zusammenarbeit.

Etikette dient dem Protokoll und Höflichkeit dem Menschen

Etikette beschreibt, welche Umgangsformen in einem bestimmten Bereich gelten. Sie legt bestimmte Rituale fest. Sicher ist es wichtig, sich an akzeptierten und verbindlichen Normen zu orientieren.

Höflichkeit bedeutet aber mehr. Sie ist direkt auf den Menschen gerichtet. Sie orientiert sich an den individuellen Bedürfnissen und Eigenarten des einzelnen Partners. Sie dient nicht allein der äußeren Form, sondern geht in die Tiefe. Sie basiert auf der Wertschätzung, dem Respekt und der Zuneigung, die man für den anderen empfindet.

Höflichkeit erleichtert die Verständigung

Mit Höflichkeit fällt es weit leichter, sich in schwierigen Situationen oder bei kontroversen Themen einander anzunähern. Höflichkeit verbindet und schafft die Plattform für eine zufriedenstellende Lösung.

Sie hilft Ihnen, Ihre Gedanken so zu formulieren, daß Ihr Partner nie das Gefühl hat, angegriffen, überfahren oder in eine Ecke gedrängt zu werden. Mit Höflichkeit gebieten Sie den Kräften Einhalt, die Beziehungen beschädigen und zerstören: der Intoleranz, der Rücksichtslosigkeit, der Taktlosigkeit und der Frechheit.

Mit Höflichkeit schützen Sie die Freiheit Ihres Partners

Mit Höflichkeit bieten Sie Ihrem Partner einen außergewöhnlichen Nutzen: Sie respektieren und bewahren seine persönliche Freiheit.

Unhöflichkeit besteht immer darin, dem anderen „zu nahe zu treten“ und seine Persönlichkeit, seine Meinung, seine Gefühle und seine Anliegen zu mißachten. Mit Höflichkeit halten Sie dagegen eine Art „Sicherheitsabstand“. Sie können sich selbst ungezwungen bewegen, ohne den individuellen Freiraum Ihres Partners zu verletzen. Sie haben in Ihr Verhalten eine Art „positive Automatik“ eingebaut, die für Sie und Ihren Partner zu einem angenehmen und belastungsfreien Umgang miteinander führt.

Höflichkeit macht Sie zu einer Ausnahmeerscheinung

Auch bei Höflichkeit besteht ein erstaunlicher Unterschied zwischen Anspruch und Leistung. Jeder wird Ihnen bestätigen, daß Höflichkeit eine absolute Selbstverständlichkeit ist. Das Paradoxe ist aber auch hier, daß sich die wenigsten so verhalten, wie sie es selbst für richtig halten und wie sie es von anderen fordern, also konsequent höflich und manierenvoll. Im Gegenteil, Unhöflichkeiten sind erfahrungsgemäß an der Tagesordnung.

Höflichkeit bietet Ihnen deshalb viele Chancen, sich von anderen wirkungsvoll abzuheben. Sie verleiht Ihrem Verhalten Eleganz und bringt Feinheit und Schwung in Ihre Handlungen. Sie macht das Zusammensein mit Ihnen für andere zu einer „genußvollen“ Angelegenheit. Aus der Sicht Ihres Gegenübers werden Sie mit Höflichkeit zu einem „gebildeten“ und „gesitteten“ Partner.

Unhöflichkeit erzeugt Übelkeit

Manierenlosigkeit, Taktlosigkeit oder gar Frechheit sind für einen anderen Menschen schlichtweg unerträglich. Sie bereiten ihm körperliches Unwohlsein. Er fühlt sich so, als habe er im wahrsten Sinne des Wortes einen Schlag vor den Kopf bekommen.

Bei der ersten Unhöflichkeit glaubt er noch an einen Irrtum oder Ausrutscher. Bei einer Wiederholung hofft er, sich verhört zu haben. Dann aber ändern sich sein Urteil und seine Einstellung. Er verliert jegliches Wohlwollen. Er schwankt zwischen Verblüffung, Verärgerung und Rachegelüsten. Während er nach außen vielleicht noch beherrscht blcibt, beendet er innerlich schlagartig die Beziehung. Er beschließt, sich vom Lieferanten der Unhöflichkeiten für alle Zeiten fernzuhalten.

Um es entschlossen zu sagen: Wer sich im Leben und Wirtschaftsleben unhöflich verhält, wirkt auf seine Mitmenschen wie ein Banause und Barbar. Niemand möchte mit ihm zusammensein oder zusammenarbeiten. Das einzige, was er noch von anderen außer Ärger bekommt, ist Mitleid.

Machen Sie aus Freundlichkeit und Höflichkeit eine Einheit

Freundlichkeit und Höflichkeit sind zwei verschiedene Dinge. Freundlichkeit führt nicht automatisch zu Höflichkeit. Es gibt eine Vielzahl von Beispielen dafür, daß eine freundliche und eine unhöfliche Bemerkung ein und dasselbe sein können.

„Nett und fröhlich“ bedeutet noch nicht „höflich und taktvoll“

Stellen Sie sich beispielsweise vor, Sie begegnen einem guten Bekannten, der Ihnen von seiner beruflichen Belastung erzählt. Sie möchten ihm Ihre Anteilnahme mit einer mitfühlenden Bemerkung beweisen: „Sie sehen wirklich ein wenig erschöpft aus. Sie sollten sich wieder einmal ein paar schöne Urlaubstage gönnen!“

Die Aussage klingt freundlich und ist nett gemeint. Ihr Partner wird Ihren Kommentar aber anders wahrnehmen. Er weiß selbst, wie es um ihn steht. Er möchte deshalb eine Aufmunterung bekommen und nicht noch die Bestätigung, daß sich seine Anspannung und Überarbeitung auch äußerlich zeigen. Darüber hinaus will er nicht die Empfehlung erhalten, einfach einige Tage wegzufahren, wenn sich vor ihm ein Berg von Arbeit auftut.

So freundlich und liebenswürdig die Bemerkung gemeint ist, so unhöflich wirkt sie auf ihn. In seinen Ohren klingt das Ganze wie Hohn und Spott: „Sie sehen wirklich alt und grau aus, völlig geschafft und überfordert. Wenn Sie jetzt keinen Urlaub machen, kippen Sie endgültig aus den Pantinen."

Überlegen Sie deshalb immer, wie Ihr Verhalten bei Ihrem Gegenüber „ankommt"

Freundlichkeit und guter Wille allein genügen also noch nicht für ein manierenvolles Verhalten. Achten Sie gleichzeitig immer auf das Element der Höflichkeit. Überlegen Sie, wie das, was Sie tun oder sagen, vom anderen verstanden wird und ob es zu der Situation paßt, in der er sich im Augenblick befindet. Bei „Stil und Klasse" bilden Freundlichkeit und Höflichkeit immer eine Einheit.

Wie weit Freundlichkeit und Höflichkeit aber auseinander liegen können, *zeigt auch folgendes Beispiel:* Ein Kunde hat einen Besprechungstermin mit einem Bankmitarbeiter, den er seit vielen Jahren kennt und der ihn bei einer Vermögensanlage beraten soll. Kaum sieht der Mitarbeiter, daß sich sein Kunde nähert, springt er von seinem Schreibtisch auf. Bevor er die Begrüßungsworte sprechen kann, muß er aber noch seine Stimme frei bekommen. Er hustet deshalb kraftvoll ab, mitten in seine rechte Hand, die er dann, mit einem strahlenden Lächeln, dem entsetzten Kunden entgegenstreckt.

Es gibt Manierenlosigkeiten, über die auch die größte Liebenswürdigkeit nicht mehr hinwegretten kann.

Erfüllen Sie Höflichkeit mit Leben

Höflichkeit erfordert keinen langen Anlauf. Sie entfaltet ihre Wirkung im persönlichen Umgang miteinander und beweist sich im praktischen, alltäglichen Verhalten. Lassen Sie uns deshalb den Begriff der Höflichkeit mit Leben erfüllen. Lassen Sie uns betrachten, aus welchen Elementen sie besteht und worauf man im einzelnen zu achten hat, um ein höfliches, gesittetes und stilvolles Benehmen zu sichern.

Prinzip Nummer 1: Verhalten Sie sich aufmerksam

Aufmerksamkeit spielt bei Höflichkeit eine ebenso wichtige Rolle wie beim Thema der Wertschätzung. Mangelnde Aufmerksamkeit wird nicht nur als respektlos empfunden, sondern in erster Linie als unhöflich. Achten Sie deshalb auf alle Faktoren, die für das Wohlbefinden Ihres Partners eine Rolle spielen könnten.

Ein Beispiel zeigt, was „höfliche Aufmerksamkeit" konkret bedeutet. Stellen Sie sich vor, Sie besuchen mit einem beruflichen oder privaten Partner ein Restaurant und wählen die Sitzplätze an Ihrem Tisch. Gönnen Sie ihm dann einen Platz mit einem guten Blick in den Raum. Setzen Sie ihn nicht so, daß er auf die Schwingtür einer stark frequentierten Toilette starren muß oder auf den Abstelltisch für schmutziges Geschirr. Sorgen Sie dafür, daß er nicht vom Licht eines Fensters geblendet wird und Sie und die Umgebung nur noch als Schattenriß wahrnehmen kann. Lassen Sie ihn auch nicht direkt unter dem Strahl einer Klimaanlage sitzen, mit dem Gefühl, daß er während des Gespräches tiefgefroren wird.

Aufmerksamkeiten dieser Art sind nur scheinbar selbstverständlich. In Wirklichkeit sind sie die Ausnahme. Beobachten Sie beispielsweise nur einmal, wie oft in einem Restaurant eine Dame von ihrem Begleiter den schlechteren Platz angeboten bekommt, mit Blick in eine Ecke und mit dem Rücken zum belebten Innenraum.

Prinzip Nummer 2: Seien Sie zuvorkommend

Der Begriff ist im Zusammenhang mit Höflichkeit fast wörtlich zu nehmen. Überlegen Sie, was Ihr Partner gerne möchte, was ihm fehlt oder was er zu tun hat. Kommen Sie ihm dann „zuvor". Liefern Sie ihm, was er benötigt, bevor er den entsprechenden Wunsch äußert oder bevor er selbst mit der betreffenden Arbeit beginnen muß. Lassen Sie uns auch hier anhand von praktischen Beispielen sehen, welche Möglichkeiten Sie haben.

Überlegen Sie, wie Sie ihm kleine Mühen abnehmen können. Helfen Sie ihm bei seinem Vorankommen, beispielsweise indem Sie ihm bestimmte Informationen besorgen oder indem Sie den Kontakt zu einer für ihn wichtigen Person herstellen.

Sorgen Sie für seine Bequemlichkeit, zum Beispiel bei Geschäftsterminen. Bieten Sie ihm einen Termin an, zu dem er nicht mitten im Berufsverkehr zu Ihnen anreisen muß. Senden Sie ihm einen Anfahrtsplan, wenn er zum ersten Mal Ihr Unternehmen besucht. Reservieren Sie ihm einen Parkplatz vor der Eingangstür. Informieren Sie den Pförtner, so daß Ihr

Partner bereits am Empfang eine „bekannte Persönlichkeit" ist.

Verhalten Sie sich auch bei kleinen Dingen zuvorkommend. Halten Sie Ihrem Begleiter die Tür auf. Lassen Sie ihm den Vortritt. Bieten Sie ihm etwas zu trinken an. Fragen Sie ihn während der Besprechung von Zeit zu Zeit, was Sie noch für ihn tun können.

Prinzip Nummer 3: Verhalten Sie sich rücksichtsvoll

Rücksichtnahme ist für Höflichkeit besonders wichtig. Erweitern Sie deshalb Ihr „Sichtfeld". Betrachten Sie bei Ihren Handlungen immer auch die Auswirkungen auf Ihren Partner, und vermeiden Sie so weit wie möglich alles, was ihn stören oder belasten könnte.

Ein Beispiel aus den USA zeigt, was rücksichtsvolles und aufmerksames Verhalten bedeutet. In einem kleinen, gut besuchten und engen Abendrestaurant sitzt ein deutsches Ehepaar neben einem großen Tisch fröhlicher amerikanischer Urlauber, von denen die meisten rauchen. In der Sekunde, in der den deutschen Gästen das Essen serviert wird, löschen alle Personen am Nebentisch wie auf Kommando ihre Zigaretten, ohne lange Diskussion, ohne vorwurfsvolle Blicke, ohne, daß sie überhaupt darum gebeten wurden. Höflichkeit dieser Art macht jede Art von Verboten völlig überflüssig.

Rücksichtnahme bedeutet auch Zurückhaltung. Preschen Sie deshalb nicht bei jeder Gelegenheit mit Ihren Gedanken vor. Überfallen Sie Ihren Partner beispielsweise nicht mit Themen, die ihn nicht interessieren oder die nicht zum Augenblick passen. Verzichten Sie auch einmal darauf, ein von Ihnen vorgesehenes Thema anzusprechen, wenn Sie erkennen, daß andere Fragen im Moment weit dringlicher für ihn sind.

Prinzip Nummer 4: Vermeiden Sie jede Form der Aufdringlichkeit

Wahren Sie immer taktvolle Distanz, und vermeiden Sie übertriebene Vertraulichkeiten.

Akzeptieren Sie es, wenn Ihr Partner eine endgültige Entscheidung trifft, auch wenn sie Ihnen nicht ganz gefällt. Bedrängen Sie ihn nicht ohne Erbarmen, seine Meinung doch noch zu ändern, wenn Sie längst wissen, daß das Ergebnis unumstößlich feststeht.

Geben Sie ihm nie das Gefühl, daß er sich vor Ihnen rechtfertigen muß, wenn er bestimmte Vorschläge oder Ideen von Ihnen ablehnt. Überhäufen Sie ihn zum Beispiel nicht mit Einladungen zu gemeinsamen Aktivitäten, wenn Sie sehen, daß für ihn im Augenblick andere Dinge Priorität haben oder daß er unter starkem Zeitdruck steht. Drängen Sie ihn nicht zu einer Zusage, die er später bereut und die ihn zwingt, sich umständliche Entschuldigungen für eine kurzfristige Absage auszudenken. Treiben Sie es nicht so weit, daß es aus ihm herausbricht: „Ich will nicht, ich will nicht, ich will nicht!"

Prinzip Nummer 5: Gehen Sie behutsam mit Ihrem Partner um

Behutsamkeit erleichtert Ihnen die Höflichkeit. Je besonnener Sie auftreten, desto geringer ist die Gefahr eines unhöflichen

Fehltritts. Gleichzeitig können Sie sich besser auf die Gedanken und Gefühle Ihres Partners einstellen.

Verschonen Sie ihn insbesondere mit überflüssiger Kritik. Haken Sie nicht automatisch nach, wenn Ihnen ein Fehler von ihm auffällt. Demonstrieren Sie ihm nicht ohne zwingenden Grund seine persönlichen Schwachstellen. Erinnern Sie ihn nicht an seine Mißerfolge. Weisen Sie ihn nicht darauf hin, wie falsch er mit Entscheidungen gelegen hat, wenn die betreffende Angelegenheit längst verjährt ist.

Sprechen Sie Negativthemen dieser Art nur dann an, wenn es sachlich nötig ist oder wenn Sie Ihren Partner damit vor einem künftigen Schaden bewahren.

Prinzip Nummer 6: Betreiben Sie keine Manierendosierung

Wie wir gesehen haben, basiert Höflichkeit auf festen Prinzipien. Ein höflicher Mensch schwankt nicht in seinem Verhalten. Er hält an seinem persönlichen Stil fest, unabhängig davon, wo er sich befindet und mit wem er zu tun hat.

Betreiben Sie deshalb niemals eine Manierendosierung. Bemessen Sie den Grad Ihrer Höflichkeit nicht nach der von Ihnen vermuteten Bedeutung Ihres Partners. Überlegen Sie nicht, welchen Status der andere haben könnte oder welches Auftragsvolumen sich hinter ihm verbirgt, um dann zu entscheiden, wie höflich Sie sind. Ein solches Verhalten wäre nicht nur stillos, sondern auch völlig widersinnig. Es würde alle Regeln echter Höflichkeit verletzen und von Ihrem Gegenüber sofort durchschaut werden.

Die Prinzipien der Höflichkeit bewirken eine Erfolgsautomatik

Halten Sie sich konsequent an die beschriebenen Prinzipien der Höflichkeit und richten Sie Ihre Handlungen an ihnen aus. Aufmerksamkeit, Zuvorkommenheit, Rücksichtnahme, Behutsamkeit und die Vermeidung von Aufdringlichkeit führen Sie automatisch zu einem passenden, beeindruckenden und gewinnenden Verhalten im Umgang mit Ihren beruflichen und privaten Partnern.

Hüten Sie sich vor Taktlosigkeit

Echte Höflichkeit bedeutet, niemals einen Partner zu verletzen, ihn bloßzustellen, ihn lächerlich zu machen oder ihn gar zu beleidigen. Manchmal genügt ein falscher Satz, um die Stimmung des anderen schlagartig zu ruinieren. Einer der größten Feinde von Höflichkeit und von „Stil und Klasse" ist deshalb Taktlosigkeit. Mangelnder Takt bringt Beziehungen aus dem Rhythmus.

Behalten Sie den Überblick

Im Gegensatz zur Würdeverletzung kommt Taktlosigkeit meistens unwissentlich und unabsichtlich zustande, in Form einer fahrlässigen Bemerkung, der Wahl eines unpassenden Themas oder einer unbedachten Handlung. Eine Hauptursache für Taktlosigkeit bilden deshalb Gedankenlosigkeit, Vergeßlichkeit und fehlende Konzentration. Der Spruch vom „Tritt ins Fettnäpfchen" beschreibt die Lage recht gut.

Obwohl man weiß, daß ein Partner ein bestimmtes Problem hat, liefert man genau zu diesem Themenbereich ein Stichwort, das ihn mitten ins Herz trifft. Er wurde vor einigen Wochen geschieden, und man schwärmt ihm vor, wie wundervoll ein glückliches Privatleben ist.

Obwohl man weiß, daß ein anderer eine bestimmte Vorliebe hat, bringt man genau zu ihr die passende Negativbemerkung. Er berichtet stolz von seiner neuen Computeranlage, und man erzählt ihm, daß die Preise dieses Herstellers massiv sinken werden, weil in wenigen Wochen eine neue Gerätegeneration auf den Markt kommt.

Obwohl man seine Pläne kennt, kann man sich nicht bremsen. Er beschreibt begeistert seine nächste Urlaubsreise, und man schlägt die Hände über dem Kopf zusammen und berichtet ihm von verschwundenen Touristengruppen, lebensbedrohenden Malariaepidemien oder einem bevorstehenden Vulkanausbruch genau am Zielort seiner Reise. Wenn derartige Hinweise nicht wirklich lebensrettenden Charakter haben, sollte man sie unterlassen.

Stellen Sie sich deshalb innerlich auf Ihren Partner ein

Machen Sie es sich zur Gewohnheit, über Ihren Partner nachzudenken, bevor Sie ihn treffen. Überlegen Sie, welche Informationen Sie über ihn haben und in welcher Lage er sich im Augenblick befindet. Die folgenden Fragen helfen Ihnen, sich besser auf ihn einzustellen und überflüssige und taktlose Kommentare zu vermeiden:

★ *Was schätzt er besonders,*
worüber freut er sich,
wovon ist er begeistert?

★ *Wozu sollte ich deshalb kein negatives Urteil abgeben,*
was sollte ich nicht kritisieren,
was sollte ich nicht herabwürdigen und herabsetzen?

★ *Welche Probleme hat er,*
was belastet ihn,
worüber sorgt er sich,
was empfindet er als persönlichen „Schicksalsschlag"?

GFT

Mangelnder Takt

bringt

Beziehungen

aus dem Rhythmus

STEFAN F. GROSS - ERFOLGSFORMEL

★ *Welche Themen sollte ich deshalb eher vermeiden, wo muß ich besonders behutsam sein, worüber sollte ich nie Witze machen?*

Selbstverständlich soll diese Empfehlung nicht bedeuten, vor jedem Gespräch stundenlange Vorbereitungen zu treffen und einen schriftlichen Verhaltensplan zu entwickeln. Es ist aber äußerst hilfreich, vor einem Treffen einen Moment innezuhalten, um über den anderen nachzudenken und sich entsprechend zu konditionieren.

Die genannten Fragen sind so unkompliziert, daß sie Ihnen auch dann eine schnelle Hilfe bieten, wenn Sie von einer Begegnung oder einem Anruf überrascht werden.

Schaffen Sie Ihre persönliche Tabuliste

Es gibt Themen, die Taktlosigkeiten geradezu herausfordern. Meist sind es Themen, die einen sehr persönlichen Charakter haben und die denjenigen, der von ihnen betroffen ist, stark berühren.

Vermeiden Sie diese Bereiche nach Möglichkeit, besonders dann, wenn Sie neuen Partnern begegnen, wenn Sie in einer Gruppe von Personen sind oder wenn Sie einen Vortrag vor vielen Zuhörern halten. Sie können sicher sein, daß immer jemand dabei ist, dem bei einem entsprechenden Kommentar von Ihnen die Zornesröte ins Gesicht steigen würde. Hier sind einige Beispiele für Risikothemen, die auf eine Tabuliste kommen sollten:

Körperliche Mängel, Gebrechen oder Krankheiten.

Unfälle oder Katastrophen.

Lebensalter.

Aussehen und Statur, wie Körpergröße und Gewicht.

Klischeehafte Merkmale von Berufsgruppen.

Religionen.

Politische Einstellungen und die Qualität von Politikern einer bestimmten Couleur.

Namen.

Landsmannschaftliche Merkmale von Menschen.

Falls Sie in Diskussionen auf diese Themen stoßen, dann äußern Sie sich behutsam und verbindlich. Unterlassen Sie abfällige Bemerkungen, vermeiden Sie dumme Kommentare, und liefern Sie keine einseitigen und krassen Urteile. Überlegen Sie auch, mit welchen weiteren Themenbereichen Sie vorsichtig sein sollten, speziell im Zusammenhang mit den beruflichen und privaten Partnern, die Sie haben.

Verzichten Sie auf billigen Humor

Humor, Schlagfertigkeit und geistreiche Ironie sind positive Eigenschaften und bereichern jedes Gespräch. Unterhaltungen ohne Humor grenzen an Körperverletzung. Es gibt nur eine Einschränkung. Humor und eine flinke Zunge dürfen nicht dazu mißbraucht werden, einen anderen Menschen mit einer Taktlosigkeit zu treffen und zu verletzen.

Machen Sie deshalb niemals Scherze auf Kosten eines anderen. Das schlimmste sind Scherze, mit denen Sie eine einzelne Person in einer Gruppe lächerlich machen. Möglicherweise erhalten Sie krachendes Beifallsgelächter von Ihren Zuhörern.

Das Opfer Ihres Humors aber wird Ihnen Ihr Verhalten niemals verzeihen.

Reißen Sie auch keine Witze über eine abwesende Person. Die Nachricht über Ihr Verhalten wird mit Sicherheit weitergetragen, selbst wenn im Augenblick alle anderen bei Ihrem Heiterkeitsausbruch mitmachen.

Absolut selbstmörderisch sind Scherze zu den oben genannten Tabuthemen. Hier haben Sie eine Erfolgsquote von hundert Prozent, wenn es darum geht, jemanden zutiefst zu treffen und ihn sich zum Feind zu machen.

Machen Sie keine Ausnahme

Sie werden berufliche und private Partner haben, die etwas zarter besaitet sind als andere. Lassen Sie ihnen dieses Recht, und stellen Sie sich darauf ein. Verfahren Sie nicht nach dem Ansatz „Das muß er schon aushalten, so bin ich zu allen, das ist eben meine Art!“.

Denken Sie auch immer daran, daß selbst der robusteste Mensch Gedanken und Gefühle hat, die ihn verletzlich machen. Schließen Sie deshalb nicht aus dem selbstsicheren und heiteren Auftreten eines bestimmten Partners, daß bei ihm keine große Rücksichtnahme nötig ist, nach dem Motto „Endlich mal einer, der jeden Spaß versteht“. Echter Humor ist immer mit Klugheit und Nachdenklichkeit verbunden.

Sie können nicht alles ausschließen

Der Leitgedanke aller hier genannten Empfehlungen lautet,

einen anderen Menschen weder mutwillig noch unabsichtlich mit unhöflichem und taktlosem Verhalten zu verletzen.

Sie können aber nicht jedes Wort von sich auf die Goldwaage legen. Sie können nicht vor jedem Satz überlegen, wie er wohl beim anderen ankommt und was er sich wohl denken könnte. Ein solches Verhalten würde Ihnen jede Freiheit nehmen und Ihnen Ihre Freude am Umgang mit anderen Menschen verderben.

Wie bereits erwähnt, können Sie es auch nicht allen Menschen recht machen. Sie werden immer wieder an Personen geraten, die Ihnen ständig das Gefühl geben, daß Sie sich falsch verhalten. In den meisten Fällen wird es sich um Menschen handeln, die unter einem hohen Maß an innerer Unsicherheit leiden. Als Folge davon beziehen sie jede Aussage auf sich selbst und vermuten hinter jedem Satz einen persönlichen Angriff. Menschen dieser Art fühlen sich bereits dann verletzt, wenn Sie ihnen fröhlich zulächeln oder wenn Sie gelassen und unverkrampft von persönlichen Begebenheiten erzählen.

Lassen Sie sich von solchen vereinzelten Partnern nicht beirren und versuchen Sie nicht, sich zu verstellen oder zu verbiegen. Gehen Sie vielmehr „offensiv" vor und bleiben Sie konsequent freundlich, liebenswürdig und höflich. Wenn sich jemand angegriffen fühlen „möchte", dann können Sie daran nichts ändern.

Ersparen Sie sich ein schlechtes Gewissen

Besonders wenn Sie mit vielen Menschen zu tun haben, werden ab und zu Pannen vorkommen. Sie werden Bemerkungen machen, nach denen Sie nur denken können: „Um Himmels willen, wie konnte ich das nur sagen?"

Sollte Ihnen einmal eine solche Nachlässigkeit oder Taktlosigkeit unterlaufen sein, dann machen Sie sich nicht selbst verrückt. Grübeln Sie nicht tagelang darüber nach, weshalb Ihnen so etwas passieren mußte. Malen Sie sich nicht in den düstersten Farben aus, was der andere nun von Ihnen denkt und wie er sich künftig verhalten wird.

Ziehen Sie lieber eine sinnvolle Konsequenz, und nutzen Sie das Ereignis für das Training Ihrer Beziehungsintelligenz. Überlegen Sie, was die Ursache für den Ausrutscher war. Nehmen Sie sich vor, in Zukunft stärker als bisher auf die Gefahrenquelle und Ihr Verhalten auf dem betreffenden Gebiet zu achten.

Bemühen Sie sich gleichzeitig um größte Aufmerksamkeit und Höflichkeit dem betreffenden Partner gegenüber. Liefern Sie ihm bei den nächsten Kontakten besondere Wertschätzung und Zuwendung. Setzen Sie das stilvolle und liebenswürdige Verhalten fort, das er bei Ihnen gewöhnt ist, und löschen Sie damit den einmaligen Negativfall aus.

Bewahren Sie auch in schwierigen Situationen einen klaren Kopf

Höflichkeit fällt dann nicht schwer, wenn man seinen Gesprächspartner gerne hat, wenn man einer Meinung mit ihm ist und wenn es um ein unkompliziertes, erfreuliches Thema geht.

Weit schwieriger ist die Lage, wenn eine gewisse persönliche Distanz besteht, wenn entgegengesetzte Interessen existieren, wenn inhaltliche Probleme auftauchen und wenn Druck auf allen Beteiligten lastet.

Achten Sie deshalb besonders hier auf „Stil und Klasse". Höflichkeit ist um so beeindruckender, je weniger sie von anderen erbracht oder erwartet wird. Mit Höflichkeit heben Sie sich speziell in schwierigen Situationen positiv von den üblichen Verhaltensmustern ab. Sie erleichtert es Ihnen, Spannungen präventiv zu vermeiden, schneller zu Ihrem Ziel zu kommen und Ihre Partner auch unter ungünstigen Bedingungen für sich zu gewinnen.

Bewahren Sie besonders bei drohendem Ärger Ihre Selbstbeherrschung

Der größte Feind der Höflichkeit ist Ärger. Wer sich massiv ärgert, verliert die Selbstkontrolle. Es gibt Menschen, die sich bei Ärger in einen Wüterich mit Rumpelstilzchen-Charakter verwandeln.

Achten Sie deshalb besonders dann auf sich und Ihr Verhalten, wenn Ärger droht. Lassen Sie sich von unfreundlichen, manierenlosen und anmaßenden Partnern nicht reizen und zu Unhöflichkeiten verleiten. Bewahren Sie Ihre Haltung und Ihre Gelassenheit.

Denken Sie einmal an politische Diskussionen im Fernsehen. Bei den Zuschauern gewinnt immer der Teilnehmer, der konsequent höflich und freundlich auftritt. Derjenige Politiker aber, der seine Beherrschung verliert, verliert auch die Diskussion, selbst wenn er inhaltlich weit mehr zu bieten hat.

Durchdenken Sie die Vorteile von Höflichkeit

Sicher ist es nicht immer einfach, die Höflichkeit dem Wutausbruch vorzuziehen. Überlegen Sie deshalb bitte einmal in Ruhe, welchen Nutzen Ihnen höfliches Verhalten besonders in schwierigen Momenten bietet.

Ihre Höflichkeit hat Schutzschild-Charakter. Je entschlossener Sie höflich bleiben, desto weniger gelingt es einem unangenehmen oder aggressiven Partner, Ihnen Ihre Laune zu verderben. Wenn Sie sich dagegen zu Ärger hinreißen lassen, sind Sie stimmungsmäßig verloren. Sie lassen sich in die Schlacht hineinziehen. Sie greifen mit beiden Händen nach den glühenden Kohlen, die Ihnen ein anderer überreichen möchte. Wenn Sie höflich bleiben, muß er sich die Finger allein verbrennen.

Zweitens ist Höflichkeit das beste Mittel, um einen Partner zu beruhigen, der berechtigten Anlaß zu einer Beschwerde hat und der sich von seinen Emotionen mitreißen läßt. Mit Höflichkeit verhalten Sie sich automatisch respektvoll. Sie zeigen ihm, daß Sie ihn ernst nehmen und daß Sie ihm helfen möchten.

Drittens gilt der alte Satz: „Wer schreit, hat unrecht.“ Sie können noch so sehr im Recht sein, wenn Sie anfangen sich zu erregen, wenn Ihr Kragen zu eng wird und Ihre Gesichtsfarbe purpur, erzielen Sie beim anderen höchstens einen Lacherfolg. Er kann sich aus jeder argumentativen Umklammerung befreien, indem er auf Ihre Unhöflichkeit hinweist. Sie geraten moralisch in einen Nachteil. Seine Frage an Sie wird lauten: „Das mag ja alles stimmen, aber müssen Sie denn so unhöflich werden?“

Höflichkeit dagegen verleiht Ihrer Meinung Gewicht und Nachdruck. Sie verstärkt, was Sie rein inhaltlich sagen und erreichen möchten.

Werden Sie niemals „persönlich“

Denken Sie an die Empfehlungen zum Thema der Würdeerhaltung. Gleiten Sie auch bei anstrengenden und kontroversen Diskussionen mit Ihren Aussagen niemals ins „Persönliche“ ab. Steigern Sie sich zum Beispiel bei Widerstand oder bei schwierigen beruflichen Verhandlungen nicht in eine Kampfstimmung, bei der es Ihnen nur noch darum geht, den anderen unterzubuttern.

Bringen Sie nicht zu jeder Behauptung des anderen sofort ein Gegenargument, nach dem Motto „Was Sie da sagen, kann ich nicht unwidersprochen hinnehmen“. Akzeptieren Sie Aussagen von ihm auch einmal ohne Kommentar, besonders dann, wenn Sie mit einer Entgegnung keinen inhaltlichen Fortschritt oder eine Annäherung zustande bringen können.

Mißbrauchen Sie auch kein sachliches Argument, um darin einen persönlichen Angriff zu verpacken. Hier liegt eines der größten Risiken für unhöfliches Verhalten. Im ersten Augenblick erscheint eine Aussage rein sachlich motiviert zu sein und einen rein sachlichen Kern zu haben. In Wahrheit aber dient sie nur dazu, dem Empfänger der Botschaft eine entsprechende Backpfeife zu verpassen:

„Wenn Sie mich früher informiert hätten, dann wäre das Problem gar nicht erst aufgetaucht ...“

„Das konnte natürlich niemand ahnen, daß Sie auf einmal ...“

„Ich hatte noch darauf hingewiesen, aber Sie haben mir ja nicht geglaubt ...“

„Ich sehe, daß Sie hier keine große Erfahrung haben ...“

Bewahren Sie deshalb gerade in schwierigen Situationen einen kühlen Kopf und beherzigen Sie die Grundsätze der Beziehungsintelligenz. Erkämpfen Sie keinen Pyrrhus-Sieg, bei dem Sie mehr verlieren als gewinnen. Mit Unhöflichkeit behalten Sie möglicherweise die Oberhand in einer hitzigen Diskussion, weil es Ihrem Partner die Sprache verschlägt. Der eine Sieg war dann aber auch Ihr letzter, weil es mit diesem Partner zu keiner weiteren Begegnung mehr kommen wird.

Verhalten Sie sich auch in ausgelassener Stimmung manierenvoll

Es gibt eine zweite Art spezieller Situationen, in denen man besonders auf stilvolles und höfliches Verhalten achten sollte. Es sind die Situationen gemeint, in denen sich alle Beteiligten in einer heiteren und ausgelassenen Stimmung befinden.

Hierbei geht es nicht nur um private Ereignisse, sondern auch um das Berufsleben. Denken Sie beispielsweise an eine anstrengende, aber für alle erfolgreiche Verhandlung, die mit einem Abendessen ausklingen soll. Jeder ist froh darüber, nicht mehr mit höchster Konzentration nur über geschäftliche Themen zu sprechen und bei jedem Satz ein wichtiges Ziel bedenken zu müssen. Oft entwickelt sich dann eine geradezu „aufgekratzte" Stimmung.

Genießen Sie diese Gelegenheiten, aber bewahren Sie Ihren Sinn für Stil, Höflichkeit und Takt

Schießen Sie nicht über das Ziel hinaus. Geben Sie in Ihrer Fröhlichkeit nicht dem Drang nach, endlich einmal ohne Hemmungen auf den Tisch zu hauen. Geraten Sie nicht in eine „Jetzt-geht-alles-Laune". Verhalten Sie sich nicht so, daß Sie es einen Tag später bereuen.

Übertreiben Sie Ihre Mitwirkung nicht. Probieren Sie nicht, sich als Stimmungskanone und als Alleinunterhalter zu profilieren. Versuchen Sie nicht, bei Scherzen noch „eins draufzusetzen“.

Brüllen Sie bei Gelächter nicht so, daß die Wände wackeln und daß Ihr Partner sein Gehör verliert. Reißen Sie Ihre Kiefer nicht so weit auseinander, daß er Ihr Gaumenzäpfchen und den Zustand Ihrer Mandeln bewundern kann. Geben Sie ihm nicht das Gefühl, als wollten Sie ihn verschlucken.

Lassen Sie sich auch nicht mitreißen, wenn ein anderer jede Zurückhaltung aufgibt, mit dem Ansatz „Es geht noch doller“. Schließen Sie nicht aus der Ausgelassenheit Ihres Gesprächspartners, daß Sie ihm nun endlich sagen können, was Sie schon immer über ihn gedacht haben.

Halten Sie Maß. Hören Sie auf zu trinken, wenn sich die Zahl der Anwesenden verdoppelt zu haben scheint. Verkünden Sie keine Taten, die Alexander dem Großen zu schwierig gewesen wären. Denken Sie daran, daß mit zunehmendem Alkoholpegel das Selbstbewußtsein steigt, der Verstand aber abnimmt. Nach der dritten Flasche Champagner erscheint auch der Mount Everest als flacher Hügel.

Behandeln Sie Ihre Mitmenschen so höflich und respektvoll wie immer

Zerstören Sie nicht den positiven Eindruck, den die anderen bisher von Ihnen und Ihren Manieren haben. Sie wissen, daß Sie es übertreiben, wenn Sie von allen Beteiligten angestarrt werden und wenn Sie den Satz hören: „Herr/Frau ..., so kennen wir Sie ja noch gar nicht ...“

Verwenden Sie das Zauberwort!

Wir haben bereits gesehen, wie wichtig die richtige Sprache für Beziehungsintelligenz und für die Gewinnung von Freunden und Verbündeten ist. Die Sprache bestimmt das Denken.

Das entscheidende Wort im Zusammenhang mit Höflichkeit heißt „bitte". Es ist ein Wort, das Ihnen fast alle Wege erschließt und das eine größere Zauberkraft besitzt als das berühmte „Sesam, öffne dich!". Es vereint Höflichkeit mit Wertschätzung und Freundlichkeit. Wenn man die positive Wirkung des Wortes „bitte" kennt, wundert man sich, wie wenig es genutzt wird.

Mit einer höflichen Bitte gewinnen Sie Ihren Partner

Sie schaffen eine gemeinsame „Wellenlänge" zwischen sich und ihm. Er fühlt sich auf angenehme Weise von Ihnen umworben. Sie gewinnen seine Aufmerksamkeit und sein Wohlwollen für Ihr Anliegen.

Mit einer Bitte lassen Sie einem unabhängigen Partner die freie Wahl. Sie beweisen ihm Ihren Respekt vor seinen Gedanken und vor seiner Entscheidung. Sie liefern ihm die Freiheit, auf das Anliegen von Ihnen einzugehen oder nicht.

Ein Wunsch oder eine Forderung ohne das Wort „bitte" klingt für den anderen dagegen automatisch unhöflich und hört sich für ihn an wie der Befehl „Sie müssen". Genau diesen Eindruck möchte er aber nicht haben. Er hat das Gefühl, daß Sie ihn unter

Druck setzen. Er betrachtet Ihre Aufforderung als eine Zumutung. Erst entwickelt er Widerwillen, dann Widerstand.

Mit einer freundlichen Bitte nehmen Sie auch handfesten Forderungen oder Anweisungen die Schärfe, ohne daß Ihre Formulierung an Nachdruck verliert. Anstelle von „Ich will" versteht Ihr Partner Ihre Aussage im Sinne von „Wenn Sie einverstanden sind". Er erkennt sehr wohl Ihre Entschlossenheit, etwas Bestimmtes durchzusetzen. Gleichzeitig ist Ihr „bitte" aber ein Zeichen für ihn, daß Sie bereit sind, ein faires Ergebnis zu erzielen.

Eine Sprache ohne „bitte" reduziert sich auf einen reinen Kommandoton. Solange Sie nicht Hauptmann einer Feuerwehrbrigade oder Kapitän eines Seenotrettungskreuzers bei einem dringlichen Einsatz sind, sollten Sie auch in allen Gesprächen mit Ihren Mitarbeitern das Wort „bitte" und die damit verbundene Geisteshaltung zum Standard machen.

Machen Sie das Wort „bitte" zu einem Hauptbegriff in Ihrem Wortschatz

Formulieren Sie Ihre Anliegen, Wünsche und Forderungen in Form einer liebenswürdigen Bitte, wo immer es möglich ist. Flechten Sie den Begriff viel häufiger als bisher in Gespräche und Brieftexte ein. Es kostet Sie weder Zeit noch Geld, hat aber eine durchschlagende Erfolgswirkung.

Achten Sie gleichzeitig darauf, das Wort nicht zu überstrapazieren. Machen Sie aus einer höflichen Formulierung keine Routineleier. Verwenden Sie deshalb auch Texte, die auf elegante Weise den Charakter einer Bitte haben, ohne jedoch den Begriff abzunutzen:

Wie heißt das kleine Zauberwort?

Bitte

Bitte

Bitte

Bitte

Bitte

Bitte

STEFAN F. GROSS - ERFOLGSFORMEL

- ★ *„Sie würden mir sehr helfen, wenn Sie ...“*
- ★ *„Sie würden mir eine große Freude machen, wenn Sie ...“*
- ★ *„Möglicherweise können Sie mir hier entgegenkommen und ...“*

Achten Sie auf Ihren Tonfall und auf Ihre Miene

Das Wort allein genügt noch nicht. Ihre Stimme und Ihr Gesichtsausdruck müssen passen. Ein unter mühsamer Selbstbeherrschung und zwischen schmalen Lippen und knirschenden Zähnen hervorgepreßtes „bitte“ hat keinen großen Erfolg, genausowenig wie die Formulierung: „Ich möchte Sie doch bitten, daß Sie endlich ...“

Am wirkungsvollsten ist Ihre Bitte dann, wenn Sie sie mit einem Lächeln und mit Schwung und Fröhlichkeit äußern!

Handeln Sie großzügig

Großzügigkeit ist ein Hauptmerkmal eines Menschen mit „Stil und Klasse". Sie ist eine beeindruckende Eigenschaft und hat Symbolcharakter. Mit Großzügigkeit zeigen Sie eine bestimmte Art der Geisteshaltung. Sie beweisen Ihrem Partner Ihre Aufgeschlossenheit, Ihr Wohlwollen und Ihre Einsatzbereitschaft.

Die meisten Menschen verhalten sich eher kleinlich

Viele Menschen sind unerbittlich, wenn es um den eigenen Vorteil geht, und sei er noch so klein oder kurzfristig. Sie möchten so viel wie möglich erhalten und so wenig wie möglich geben. Sie kommen nie auf die Idee, ohne Zwang auf etwas zu verzichten oder von sich aus mehr zu leisten als unbedingt nötig.

Die meisten handeln nach dem Prinzip des amerikanischen Industriellen, der in seinem Privathaus Münztelefone installieren ließ, um auszuschließen, daß seine Besucher auf seine Kosten telefonieren können.

Großzügigkeit ist eine grundlegende Eigenschaft

Großzügiges Verhalten ist also eher ungewöhnlich. Es bietet Ihnen eine Vielzahl von Möglichkeiten, sich massiv vom Durchschnitt abzuheben und Ihre Partner zu überraschen und für sich zu gewinnen.

Viele Menschen glauben, daß Großzügigkeit immer mit hohem materiellen Aufwand oder mit dem Ertragen größter Unannehmlichkeiten verbunden sein muß. Dem ist nicht so. Großzügigkeit bedeutet nicht, unangemessene finanzielle Zugeständnisse zu machen, sich ausnutzen zu lassen oder alles hinzunehmen, was andere tun oder von einem wollen.

Sie zeigt sich vielmehr bei Kleinigkeiten und den normalen Dingen des Lebens. Sie basiert darauf, nicht nur an sich selbst zu denken, sondern auch an den Nutzen und das Wohlergehen des Partners. Ein großzügiger Mensch hat Freude daran, immer ein wenig mehr für den anderen zu tun, als es erwartet wird oder als es rein sachlich erforderlich ist.

Achten Sie auf Toleranz

Toleranz ist die Basis für Großzügigkeit. Wörtlich übersetzt heißt Toleranz „Entgegenkommen". Die Eigenschaft „tolerant" umfaßt aber noch mehr. Sie bedeutet gleichermaßen weitherzig, verständnisvoll und nachsichtig.

Eine tolerante Persönlichkeit ist freiheitsliebend. Sie weiß, daß Menschen unterschiedliche Überzeugungen, Erfahrungen und Ziele haben und wie subjektiv eine Meinung oder ein Urteil sein können. Eine tolerante Einstellung ist das beste Mittel gegen Besserwisserei oder Engstirnigkeit. Sie schützt davor, die eigene Meinung zum Maß aller Dinge zu machen, und dient dazu, nicht nur den eigenen Freiraum zu erhalten, sondern auch den seiner Partner.

Denken Sie deshalb auch unter dem Aspekt der Großzügigkeit an die Empfehlungen aus den Bereichen der Wertschätzung und der Würdeerhaltung. Respektieren Sie die Individualität Ihres Partners. Versuchen Sie nicht, um jeden Preis recht zu behalten. Beschweren Sie sich nicht bei jeder Kleinigkeit. Sehen Sie dem anderen auch einmal einen Fehler nach.

Liefern Sie nicht nur das Minimum

Entscheiden Sie sich so weit wie möglich für die großzügigere Lösung, wenn es darum geht, etwas für einen bestimmten Partner einzusetzen.

Denken Sie beispielsweise an Einladungen im privaten Bereich. Bringen Sie der Gastgeberin im Zweifel den größeren Strauß Blumen mit. Schenken Sie dem Gastgeber einen Wein, über den er sich wirklich freut, und keine Flasche, die sich seit Urzeiten in Ihrem Besitz befindet, die Sie selbst von irgend jemandem bekommen haben und an deren Inhalt Sie sich aus gutem Grund nie herangewagt haben.

Gleiches gilt selbstverständlich für Ihr Berufsleben. Liefern Sie auch hier nicht nur die Minimumleistung. Hüten Sie sich vor Gedanken, die das Gegenteil von Großzügigkeit bewirken:

„Wir schicken noch das alte Modell.“

„Das reicht schon.“

„Mehr ist nicht nötig.“

„Mehr lohnt sich nicht.“

Das folgende Beispiel zeigt die Bedeutung von Großzügigkeit gegenüber beruflichen Partnern:

Eine junge Frau läßt in einem Rahmengeschäft zwanzig wertvolle Kunstdrucke in Postergröße mit teurem italienischen Holz und mit speziellen Passepartouts rahmen. Das Auftragsvolumen liegt weit höher, als es die Inhaberin des Geschäftes gewöhnt ist. Die meisten ihrer Kunden sind Studenten, von denen viele auch nur das Material für einen preiswerten Rahmen kaufen und die eigentliche Arbeit an einem hierfür im Geschäft bereitstehenden Tisch selbst übernehmen.

Nachdem die Kunstdrucke fertig gerahmt sind, erhält die Kundin den vereinbarten Anruf der Geschäftsinhaberin. Zur Überraschung der Kundin wird von ihr erwartet, daß sie alle zwanzig Bilder selbst abholt. Erst nachdem sie ausführlich erklärt hat, daß sie kein entsprechendes Transportmittel besitzt, erklärt sich die Inhaberin einverstanden, die Bilder mit einem Kurierdienst zu schicken.

Als der Transport bei der Kundin eintrifft, stellt diese fest, daß der „Fahrer" eine schmächtige Dame ist, die sich weigert, die schweren Bilder allein in den zweiten Stock des Altbaus ohne Lift zu schleppen. Also übernimmt die Kundin einen Großteil der Arbeit. Als alles erledigt ist, zieht die Fahrerin ein Formular aus der Tasche und sagt: „Hier ist die Transportrechnung. Die Frau im Rahmengeschäft hat gesagt, daß Sie das übernehmen."

Obwohl die Kosten für die kurze Stadtfahrt lächerlich gering im Vergleich zu den Kosten für die Bilderrahmen sind, ärgert sich die Kundin. Sie erkennt, daß die Geschäftsinhaberin nicht einmal bei einem außergewöhnlichen Großauftrag bereit ist, einen minimalen Betrag für die Lieferung zum Kunden einzusetzen. Der letzte Eindruck, den die junge Frau vom Geschäft hat, sind mangelnde Fairneß und fehlende Großzügigkeit.

Vergleichen Sie Aufwand und Ertrag

Großzügigkeit scheitert meist daran, daß man den Aufwand überschätzt und die positiven Wirkungen übersieht. Stellen Sie sich deshalb häufiger die Frage, was Sie Ihre Großzügigkeit in einem aktuellen Fall tatsächlich kosten würde:

★ *Was müssen Sie finanziell einsetzen?*

★ *Was kostet es Sie an Zeit?*

★ *Welche zusätzlichen Arbeiten sind erforderlich?*

Bedenken Sie genauso, was Sie dagegen gewinnen würden:

★ *Wie groß ist die Freude, die Sie Ihrem Partner bereiten?*

★ *Wie hilft Ihnen Ihre Großzügigkeit bei der Bindung eines Kunden?*

★ *Welchen langfristigen Nutzen haben Sie?*

Auch hierzu ein Beispiel: Ein Unternehmer möchte für einen Freund ein Hotelzimmer buchen. Er wählt ein Hotel, in dem er häufig Räume für berufliche Besprechungen mietet und dessen Direktor er bereits lange kennt. Er ruft bei der Sekretärin des Hoteldirektors an, die ihm zu seiner Freude ein schönes Zimmer zu einem Vorzugspreis für seinen Bekannten verspricht.

Wenige Minuten später erhält der Unternehmer einen unerwarteten Rückruf. Am Apparat ist der Hoteldirektor. Er hat inzwischen von seiner Sekretärin von der Zimmerbuchung erfahren und sagt zu seinem Kunden Folgendes: „Lieber Herr ..., an diesem Wochenende ist bei uns etwas weniger los. Sie würden mir eine Freude machen, wenn ich Ihren Bekannten zu einer kostenlosen Übernachtung einladen dürfte."

Der Unternehmer bedankt sich überschwenglich. Er ist völlig perplex und gleichzeitig hoch erfreut über die Großzügigkeit des Hoteldirektors. Seine Einstellung zu dem Hotel ändert sich schlagartig, von einer sachlichen Geschäftsbeziehung zu einer freundschaftlichen Verbundenheit. Er entschließt sich, von diesem Tag an in keinem anderen Hotel mehr Veranstaltungen zu buchen und jedem seiner Geschäftsfreunde nur noch dieses Hotel in der Stadt zu empfehlen.

Verlangen Sie nicht für jede Leistung den perfekten Ausgleich

Tun Sie auch einmal etwas für Ihren Partner, ohne sofort über seine Gegenleistungen nachzudenken. Starten Sie nicht erst dann mit „Großzügigkeits-Aktionen", wenn Sie absolut sicher sind, daß es sich in jedem Fall für Sie auszahlen wird. Handeln Sie nicht nur dann, wenn der andere in der Vergangenheit für Sie aktiv geworden ist, sondern erbringen Sie auch einmal eine Vorleistung.

Weisen Sie unangemessene Forderungen zurück

Sie können sich Großzügigkeit nur dann erlauben, wenn Sie sich Ihre Zeit, Kraft und Stimmung erhalten. Es gibt Phasen persönlicher Belastung, in der Sie jede freie Minute für sich selbst und für Ihre eigenen Aufgaben nutzen müssen. Es gibt Partner, bei denen Großzügigkeit wie in einer Einbahnstraße verläuft, weg von Ihnen, hin zum anderen.

Insbesondere gibt es Anliegen an Sie, die nur scheinbar wie eine Bitte um unerläßliche Hilfe aussehen. In Wahrheit geht es dem anderen aber nur darum, sich selbst eine bestimmte Mühe zu ersparen, indem er Ihnen die Arbeit aufbürdet.

Handeln Sie deshalb bei der Abweisung anmaßender, überzogener oder unpassender Forderungen genauso entschlossen wie bei der Lieferung von Großzügigkeit.

Überlegen Sie, welche Partner Sie haben, die wie Blutegel an Ihnen kleben, um Ihnen Ihre Zeit und Energie zu stehlen. Denken Sie darüber nach, für wen Sie künftig weit weniger oder überhaupt nichts mehr tun werden, weil Sie wissen, daß er sich niemals bei Ihnen revanchieren wird.

Behalten Sie immer Ihre eigenen Prioritäten im Auge. Großzügigkeit ist ein wichtiges Prinzip für die Gewinnung von Freunden und Verbündeten. Sie darf deshalb nicht zum Inhalt haben, sich selbst zu schädigen oder gegen entscheidende eigene Interessen zu verstoßen.

VIII

Verstärken Sie die positive Einstellung Ihres Partners zu Ihnen:

Werden Sie zu einem Profi im Bedanken

Bedanken verbessert Beziehungen

Beziehungsintelligenz bedeutet, die positiven Elemente im Umgang mit beruflichen und privaten Partnern zu sichern und zu verstärken. Eine der wichtigsten Verhaltensweisen ist deshalb das professionelle und umsichtige Bedanken. Es dient nicht allein dem Augenblick, sondern ist eine Grundvoraussetzung für „Besondere Beziehungen“ insgesamt. Es ist ein Kernelement der persönlichen Kommunikation und Zusammenarbeit.

Wer nie oder zu selten dankt, hat keine Chance, die Wertschätzung, das Wohlwollen und die Unterstützung seiner Partner zu gewinnen und langfristig zu erhalten.

Ein herzlicher Dank ist für Ihren Partner ein Ausnahmeereignis

Im Berufsleben ist angemessener Dank eher unüblich. Selbst jemand, der hohen persönlichen Einsatz und fachliche Bestleistungen zeigt, bekommt in den seltensten Fällen ausführliche Worte des Dankes zu hören. Überlegen Sie beispielsweise, wer einem Kunden von Ihnen normalerweise für seine Bemühungen dankt – seine Mitarbeiter, seine Kollegen, seine Vorgesetzten, seine eigenen Kunden?

Gleiches gilt für den privaten Bereich. Auch hier stehen „Leistung“ und empfangener Dank oft in einem ungünstigen Verhältnis. Denken Sie nur einmal daran, welcher Aufwand hinter einer schönen Einladung steckt und wie wenige Gäste sich normalerweise so engagiert und einfallsreich bedanken, wie es der Mühe der Gastgeber angemessen wäre. Überlegen Sie, daß es eine Hausfrau täglich großen Einsatz kostet, ihren Haushalt in Schuß zu halten, daß der Dank der übrigen Familienmitglieder aber eher im Abstand von Schaltjahren erfolgt – wenn überhaupt.

Eine entscheidende Ursache ist, daß bei vielen Menschen eine bestimmte Art des Anspruchdenkens dominiert. Sie betrachten die Anstrengungen des anderen als selbstverständlich und würdigen sein Engagement deshalb mit keiner einzigen positiven Bemerkung. Sie werden erst dann aktiv, wenn sie einen Mangel entdecken oder wenn sie glauben, sich beschweren zu können.

Offener und echter Dank ist deshalb für Ihren Partner ein besonderes Ereignis, über das er sich freut und das er lange Zeit in Erinnerung behält.

Bedanken bedeutet „Quellen offenhalten"

Wenn Sie sich bei Ihrem Partner für etwas bedanken, sagen Sie ihm automatisch, was Sie an ihm schätzen und welche seiner Leistungen Ihnen besonders aufgefallen sind. Sie machen ihm ein Geschenk. Sie schaffen für ihn ein Erfolgserlebnis, lenken seine Gedanken auf ein angenehmes Thema und bringen ihn in eine positive Stimmung.

Gleichzeitig zeigen Sie ihm, daß Sie ihn nicht ausnutzen, sondern daß Sie wissen, wieviel Zeit und Kraft ihn sein Einsatz gekostet hat. Ihre Dankesworte geben Ihnen die Gelegenheit zu beschreiben, welchen Nutzen er Ihnen im einzelnen geboten hat.

Bedanken ist deshalb immer eine positive Verstärkung. Wer einmal von Ihnen Dank erhalten hat, der möchte ihn auch in

GFT

Bedanken

Quellen offenhalten

Positives verstärken

- und damit auch für die Zukunft sichern

STEFAN F. GROSS - ERFOLGSFORMEL

Zukunft immer wieder gewinnen. Er sieht, daß seine Anstrengungen von Ihnen wahrgenommen und honoriert werden. Mit einem herzlichen und nachdrücklichen Dank stellen Sie sicher, daß Ihr Partner auch in Zukunft bereit ist, sich für Sie und Ihre Belange einzusetzen.

Wenn Ihr Dank dagegen ausbleibt, rauben Sie ihm jede Motivation, besondere Leistungen für Sie zu erbringen. Sie verweigern ihm etwas, auf das er zu Recht wartet und auf das er sich zu Recht freut. Fehlender Dank ist nicht nur ein Mangel, sondern auch ein Ausdruck fehlender Achtung und Anerkennung.

Das Bedanken erleichtert Ihnen die künftigen Kontakte

Dank ist ein zeremonieller Abschluß, zum Beispiel am Ende eines bestimmten beruflichen Projektes oder eines besonderen privaten Ereignisses. Er hinterläßt bei Ihrem Partner einen positiven letzten Eindruck und ein angenehmes Gefühl. Er liefert Ihnen die Möglichkeit, das Erreichte zusammenzufassen und einen Ausblick auf die kommenden Vorhaben zu geben.

Ein kraftvoller Dank in der Gegenwart baut deshalb die Brücke zum nächsten Kontakt in der Zukunft. Er liefert Ihnen den entscheidenden Anknüpfungspunkt, wenn Sie sich nach längerer Zeit bei Ihrem Partner melden oder wenn Sie ihn überraschend wiedertreffen. Er wird sich immer daran erinnern, wie liebenswürdig Sie sich ihm gegenüber zuletzt verhalten haben und worum es bei Ihrem letzten Gespräch inhaltlich ging.

Ohne eine Brücke dieser Art müssen Sie dagegen stets nach neuen Anknüpfungspunkten und Verbindungselementen suchen. Sie müssen weit größere Anstrengungen unternehmen, um die betreffende Beziehung wieder mit Leben zu erfüllen.

Mit einem einzigen Satz: Durch das Bedanken stabilisieren Sie Ihren Erfolg und die Qualität Ihrer Beziehungen.

Analysieren Sie die großen Bedank-Barrieren

Es gibt eine Vielzahl von Ursachen, die es erschweren, sich konsequent und wirkungsvoll zu bedanken. Lassen Sie uns deshalb mit den entscheidenden Bedank-Barrieren beginnen und analysieren, weshalb so viele Menschen das Bedanken vernachlässigen.

Anmaßung und Überheblichkeit

Das Thema „Arroganz“ haben wir an anderer Stelle ausführlich behandelt. Sie ist aber auch einer der Hauptgründe für das völlige Fehlen von Verständnis für den Sinn und Zweck des Bedankens.

Ein arroganter Mensch bedankt sich hauptsächlich deshalb nicht, weil er es als Zeichen eigener Schwäche wertet. Er möchte durch nichts einen Hinweis darauf geben, dem anderen möglicherweise etwas zu schulden, sei es eine Anerkennung oder einen Dank. Er fühlt sich so weit über alle anderen erhaben, daß er glaubt, sie müßten sich bei ihm dafür bedanken, daß sie etwas für ihn tun dürfen.

Dummheit und mangelnde Einsicht

So hart es klingen mag, die Fähigkeit zu danken beruht auf der Fähigkeit zu denken. Es gibt Menschen, die das Bedanken schlichtweg als überflüssig oder als lästig empfinden. Sie sind unfähig zu erkennen, welche Freude sie einem Partner damit machen würden, welchen Nutzen es ihnen selbst bringen würde und welche grundlegende Bedeutung es für einen angenehmen Umgang miteinander hat. Sie erkennen nicht einmal, wie sehr sie sich durch fehlendes Bedanken selbst schädigen.

Menschen mit dieser Einstellung glauben, daß im Wirtschaftsleben die Bezahlung den Dank ersetzt und daß ein Dank an einen privaten Partner die reine Zeitverschwendung ist. Sie weigern sich zu akzeptieren, daß Bedanken auch mit Anstand und Gesittung zu tun hat. Auf eine kurze Formel gebracht: Dumme Menschen danken nie.

Einfallslosigkeit

Viele Menschen leiden auch beim Bedanken unter mangelnder Kreativität. Sie wissen nicht, wofür sie sich im einzelnen bedanken können oder sollen. Da ihnen nichts besonderes einfällt und da ihnen das Bedanken deshalb zuviel Mühe bereitet, lassen sie es lieber ganz bleiben.

Unsicherheit und Hemmungen

Persönliche Unsicherheit ist eine verbreitete und begreifliche Bedank-Barriere. Viele Menschen haben das Gefühl, daß sie ihren Dank nicht so formulieren und vermitteln können, daß er auf die gewünschte Weise beim Empfänger ankommt. Sie befürchten, daß ihr Partner ihre Aussage als gespielt, übertrieben oder als Floskel betrachten könnte. Sie bedanken sich deshalb nicht, weil sie nicht wissen, wie der andere reagiert und was er ihnen im Gegenzug sagen könnte.

Hoffnungslosigkeit

Da das Bedanken insgesamt unterentwickelt ist, existiert so etwas wie eine negative Spirale. Viele Menschen erhalten selbst fast nie einen Dank für ihre Leistungen. Das einzige, was regelmäßig kommt, sind Beschwerden oder Ärger.

Viele haben deshalb zuwenig Erfahrung im Umgang mit Dank. Es fehlt ihnen die Hoffnung, daß Bedanken etwas Positives bewirken könnte. Sie haben den Eindruck, daß es von den anderen doch nicht zur Kenntnis genommen oder geschätzt wird. Sie haben nicht die Kraft und den Ansporn, als erste aus diesem Negativkreislauf auszubrechen.

Manierenlosigkeit

Zum Abschluß ist eine Ursache zu nennen, die keiner weiteren Erläuterung bedarf: Fehlende Kinderstube.

Lassen Sie sich nicht demotivieren

Lassen Sie sich von den Fehlern anderer nicht entmutigen. So traurig die geschilderten Bedank-Barrieren auch wirken mögen, unter einem Gesichtspunkt liefern sie enormen Antrieb. Sie zeigen, welche Machtmöglichkeiten das Bedanken bietet, um sich positiv abzuheben und die eigenen Partner für sich zu gewinnen.

Machen Sie das Bedanken zu einer Selbstverständlichkeit

Entscheiden Sie sich, zu einem Bedank-Profi zu werden. Betrachten Sie das Bedanken als eine eigenständige Aufgabe und nicht als unwichtige Nebensächlichkeit, bei der es nicht so darauf ankommt. Tun Sie auch nicht so, als ob es sich um eine anstrengende und mühevolle Arbeit handelt, für die Ihnen Zeit und Kraft fehlen. Der Aufwand für einen angemessenen Dank ist minimal, die positive Wirkung enorm.

Bedanken Sie sich grundsätzlich

Entscheiden Sie nicht immer wieder neu, ob es sich lohnt oder nicht, sondern bedanken Sie sich für alles, was ein Partner für Sie tut. Überlegen Sie bei allen Kontakten und Ereignissen, welche Ansatzpunkte Sie finden. Nutzen Sie konsequent jede Gelegenheit.

Bedanken Sie sich lieber einmal mehr als einmal zu wenig. Es wird niemanden geben, der sich durch einen freundlichen Dank angegriffen, beleidigt oder verletzt fühlt.

Bedanken Sie sich auch für Leistungen, die andere als Normalität übergehen würden

Hier gibt es große Möglichkeiten, einen Partner mit unerwartetem Dank zu überraschen und zu erfreuen. *Ein kleines Beispiel:*

Ein Rechtsanwalt geht fast jeden Mittag in ein italienisches Restaurant in der Nähe seiner Kanzlei, allein oder mit Freunden. Ab und zu kommt es vor, daß sich seine Termine verschieben und daß er den reservierten Tisch kurzfristig mit einem Anruf abbestellt. Der Inhaber des Restaurants betrachtet die Benachrichtigung aber nicht als Selbstverständlichkeit, sondern bedankt sich jedesmal herzlich und voller Nachdruck: „Vielen Dank mein Herr, daß Sie angerufen haben ..."

Das Ergebnis ist beeindruckend. Der Restaurantchef zeigt seinem Gast, daß er ein ordentliches und manierenvolles Verhalten und die Mühe des Anrufes zu schätzen weiß. Er zeigt ihm gleichzeitig, daß kein schlechtes Gewissen nötig ist, wenn es einmal zu einer kurzfristigen Änderung kommt. Er macht aus der Absage ein kurzes, aber angenehmes persönliches Gespräch.

Werden Sie so speziell wie möglich

Die Art der Formulierung ist für einen wirkungsvollen und glaubwürdigen Dank wichtiger als der Umfang des Textes. Bleiben Sie deshalb nicht nur auf der Überschriftenebene. Sagen Sie Ihrem Partner so konkret wie möglich, womit er Ihnen geholfen hat und wofür Sie sich bedanken möchten.

Stellen Sie sich beispielsweise vor, ein Partner liefert Ihnen eine wichtige Information. Danken Sie ihm dann nicht nur für die Information an sich, sondern sagen Sie ihm auch, welchen Nutzen Ihnen die Information im einzelnen bietet.

Zeigen Sie Ihren Dank auch einmal indirekt

Es ist nicht nötig, ständig das Wort „danke“ zu benutzen. Beispielsweise hat eine Aussage wie „Ich freue mich sehr darüber, daß Sie den Termin noch für mich reservieren konnten, Sie haben damit meine ganze Planung gerettet ...“ eine ganz ähnliche Wirkung und geht über ein kurzes „Vielen Dank für diesen Termin ...“ noch hinaus.

Ziehen Sie vernünftige Grenzen

Die bisherigen Empfehlungen bedeuten natürlich nicht, daß man das restliche Leben damit verbringen soll, sich für jede Handlung des anderen zu bedanken und einen Schwall von Lobpreisungen auf ihn niedergehen zu lassen: „Vielen, vielen Dank dafür, daß ich Ihnen die Tür öffnen durfte und daß Sie mir erlaubt haben, nach Ihnen meine unwürdigen Füße in diesen Raum zu setzen ...“

Wichtig ist aber, die echten Gelegenheiten für einen herzlichen Dank umsichtig und systematisch zu nutzen. Es kommt immer darauf an, dem anderen zu zeigen, daß man sein Verhalten wahrnimmt und daß man es entsprechend würdigt. In den meisten Fällen reichen hierfür wenige ausgewählte Worte völlig aus.

Entwickeln Sie eine Liste mit Bedank-Anlässen

Nehmen Sie sich einige Minuten Zeit, und überlegen Sie, welche „wiederkehrenden“ beruflichen und privaten Anlässe es gibt, bei denen man sich bei einem Partner bedanken sollte.

Halten Sie die entsprechenden Gelegenheiten auf einer kleinen Liste fest. Je häufiger Sie die Liste nutzen, desto weniger Chancen entgehen Ihnen und desto mehr neue Bedank-Ideen werden Ihnen in den Sinn kommen. Lassen Sie uns beispielhaft sehen, welche Leistungen eines beruflichen Partners sicher einen Dank wert sind:

★ *Die Lieferung von Informationen.*

★ *Die Lieferung von Ideen.*

★ *Eine persönliche Beratung.*

★ *Eine bestimmte Hilfe oder Unterstützung.*

★ *Die Zusammenarbeit an sich und bestimmte Daten der Zusammenarbeit.*

★ *Eine Empfehlung oder eine positive Information, die er anderen über Sie gegeben hat.*

Wenn man über die genannten Punkte nachdenkt, erkennt man schnell, was sie verbindet und weshalb konsequentes Bedanken so wichtig ist. Es sind alles Leistungen, die Ihnen das Leben erleichtern und die Ihnen direkten persönlichen Nutzen bringen. Es sind gleichzeitig Leistungen, die in den meisten Fällen freiwillig und aus eigenem Antrieb von einem Partner erbracht werden und die ihn Zeit und Mühe kosten. Ein angemessener Dank ist deshalb das mindeste, was Sie Ihrem Partner aus Fairneßgründen im Gegenzug liefern sollten.

Organisieren Sie sich

Das Bedanken ist in die tägliche Kommunikation und Zusammenarbeit mit beruflichen und privaten Partnern eingebettet. Oft scheitert es nicht an mangelndem Willen, sondern daran, daß etwas fehlt und daß in einer bestimmten Situation der Zeitaufwand für die betreffende „Dankaktion“ zu groß ist. Oft sind es nur Kleinigkeiten, wegen denen man das Bedanken verschiebt und schließlich völlig ausfallen läßt.

Bedanken ist eine Organisationsaufgabe

Es gibt fast immer Tätigkeiten, die im Augenblick dringlicher erscheinen als ein Dankbrief oder ein entsprechender Anruf und die deshalb vorgezogen werden. Wenn dann noch eine große Anlaufzeit erforderlich ist, bevor Sie loslegen können, haben Sie überhaupt keine Chance mehr, sich konsequent zu bedanken. Das Bedanken geht im Tagesgeschäft unter.

Ob Sie die Funktion des Bedankens professionell und kreativ erfüllen können, hängt deshalb davon ab, ob Sie ausreichend organisiert sind. Je besser Sie vorbereitet sind, desto schneller, bequemer und gezielter können Sie im Einzelfall handeln. Nur wenn Ihnen das Bedanken völlig mühelos von der Hand geht, können Sie zu einem wirklichen Bedank-Profi werden.

Beschaffen Sie sich präventiv alle Informationen und Daten

Fehlende Informationen sind ein Haupthindernis. Stellen Sie sich beispielsweise vor, Sie möchten sich schriftlich bei einem Geschäftspartner und seinem Kollegen für etwas bedanken, was beide für Sie getan haben. Den Namen Ihres Geschäftspartners kennen Sie genau, den seines Kollegen aber nicht, weil Sie vergessen haben, sich seine Karte geben zu lassen.

In welcher Lage sind Sie dann? Entweder Sie verzichten ganz darauf, sich bei der zweiten Person zu bedanken, oder Sie gehen das Risiko ein, den entsprechenden Namen völlig zu verhunzen. Beides wäre außerordentlich unhöflich. Als Ausweg bleibt, anzurufen und den genauen Namen zu erbitten. Stellen Sie sich nun vor, es ist Freitag nachmittag oder Ihr Ansprechpartner befindet sich in einer Besprechung oder ist unterwegs und muß extra zurückrufen oder ... Aus dem Bedanken wird eine Horroraktion, die viel zu großen Aufwand erfordert. Ihre Gedanken könnten lauten: „Also, wenn das solche Mühe macht ... Im Grunde reicht es, wenn ich das nächste Mal etwas sage ... Möglicherweise ist dann sowieso alles längst vergessen ...“

Sorgen Sie deshalb dafür, daß keine lange Informationssuche nötig wird. Achten Sie darauf, daß alle Daten sofort greifbar sind, die eine Rolle spielen können, zum Beispiel auch der Vorname Ihres Partners und seine genaue berufliche oder private Adresse.

Beschaffen Sie sich rechtzeitig die Daten wichtiger Personen aus seinem Umfeld, die Sie möglicherweise in den Dank mit einbeziehen oder grüßen lassen möchten, zum Beispiel die Namen seiner Frau und seiner Kinder.

Meist ist es so, daß Sie Informationen dieser Art im Laufe der Zeit ungeordnet und nebenbei erhalten. Notieren Sie deshalb die Daten sofort. Fragen Sie nach, wenn Ihnen eine Teilinformation fehlt. Halten Sie die Daten auf dem neuesten Stand.

Organisieren Sie die „Bedank-Werkzeuge"

Es gibt viele Situationen, in denen der Einsatz spezieller „Bedank-Mittel" nötig wird. Fangen Sie nicht an, nach diesen zu suchen, wenn es längst zu spät ist. *Auch hierzu ein Beispiel:*

Ein junges Hochzeitspaar öffnet am Morgen nach der Feier die Geschenke seiner Gäste. In einem der vielen Pakete und Päckchen entdecken sie eine wertvolle Goldmünze, die sich dem Prägedatum nach wohl schon lange im Besitz des Schenkenden befunden hat. Daneben finden Sie nicht etwa eine Hochzeits-Glückwunschkarte, sondern einen winzigen Weihnachtsbaumanhänger aus Papier mit Wintermotiv, auf dessen Innenseite in mikroskopischer Schrift eine handschriftliche Notiz gekritzelt ist: „Wo um Himmels willen soll ich am späten Samstag nachmittag eine passende Hochzeitskarte auftreiben? Herzlichst Euer ..."

Selbstverständlich hat die Kartenwahl der Freude des Ehepaares keinerlei Abbruch getan. Dennoch kann man aus dem Text sehr wohl die Leiden desjenigen ablesen, der nicht auf den betreffenden Anlaß vorbereitet war.

Besorgen Sie sich deshalb einen Vorrat an schönen Karten, mit denen Sie einen handschriftlichen Dank versenden können. Bereiten Sie sich auch auf andere Anlässe entsprechend vor, wie auf Geburtstage oder spezielle Feiern. Lassen Sie sich elegante Blankokarten drucken, die Sie für verschiedene Gelegenheiten verwenden können.

Legen Sie genauso einen Vorrat an Sonderbriefmarken, an schönem Verpackungsmaterial und an kleinen Geschenken an.

Lassen Sie sich Etiketten mit den Adressen Ihrer wichtigsten Freunde und Partner ausdrucken. Erstens müssen Sie dann nicht lange nach der exakten Anschrift suchen. Zweitens können Sie ohne Hilfc anderer und ohne technischen Aufwand einen Brief oder ein Päckchen sauber und ordentlich adressieren.

Organisieren Sie die Unterstützung durch Dritte

Es gibt viele Fälle, in denen man sich mit einer speziellen Aufmerksamkeit bedanken möchte. Normalerweise erfordert ein besonderes Geschenk aber auch einen besonderen Aufwand. Überlegen Sie deshalb, mit wessen Hilfe Sie alles so schnell und bequem wie möglich realisieren können. Legen Sie eine Telefonliste aller entsprechenden Dienste an.

Wählen Sie ein gutes Blumengeschäft, dem Sie vertrauen, bei dem Sie alles telefonisch bestellen können, das den Versand für Sie übernimmt und das Ihnen die Rechnung zuschickt. Treffen Sie mit einem Delikatessengeschäft oder einer ausgewählten Konditorei eine ähnliche Abmachung. Suchen Sie einen zuverlässigen Transportservice, mit dem Sie einen Brief oder ein Geschenk noch am selben Tag zu einem Partner bringen lassen können.

Nehmen Sie sich beim nächsten Bedank-Anlaß etwas mehr Zeit, und besprechen Sie mit dem betreffenden „Hilfsdienst" alles, was Ihnen das Bedanken und das Versenden von Grüßen in Zukunft erleichtert.

Bedanken Sie sich sofort!

Beim Bedanken handelt es sich stets um ein erfreuliches Ereignis, auch für den Lieferanten des Dankes. Er macht seinem Gegenüber eine Freude und wird im Gegenzug ebenfalls eine heitere und freundliche Bemerkung hören. Es ist schwer vorstellbar, daß ein herzlicher Dank die Stimmung aller Anwesenden ruiniert und zu Streit und Ärger führt.

Es gibt aber eine Gefahr, die das Bedanken beeinträchtigen kann und durch die aus einem erfreulichen Ereignis eine peinliche Angelegenheit wird: Mangelnde Schnelligkeit.

Je länger Sie das Bedanken aufschieben, desto schwieriger wird es

Wenn man sich sofort bedankt, fällt es am leichtesten. Die Probleme beginnen, wenn es verschoben wird. Meist ist dies ein schleichender Vorgang. Der erste gefährliche Gedanke lautet: „Wenn ich morgen anrufe, ist das immer noch sehr schnell." So gut wie immer wird aber am nächsten Tag etwas dazwischenkommen. Der übernächste Tag wird wahrscheinlich ein Feiertag sein oder aus einem anderen Grund nicht passen. Das Unheil nimmt seinen Lauf.

Der zweite Gedanke hat bereits Selbstberuhigungscharakter: „Kein Problem, wenn ich mich nächste Woche melde, reicht das längst." In Kombination mit Vergeßlichkeit wird auch diese Woche wie im Fluge vergehen.

Schlagartig entsteht dann ein unangenehmes Gefühl in Form von Gewissensbissen: „Eigentlich hätte ich längst anrufen oder schreiben müssen. Ich hoffe, er ist mir jetzt nicht böse ...“ Man beginnt zu grübeln, ob man die Verzögerung durch einen Kraftakt wieder ausgleichen kann: „Ich warte bis kommenden Montag, dann schicke ich eine Flasche Champagner mit einer persönlichen Karte ...“ Je phantasievoller die Lösung ist, desto sicherer kann man sein, daß sie niemals verwirklicht wird.

Das Ende der Entwicklung ist die reine Lähmung

Man weiß, daß man sich nun nicht mehr bedanken, höchstens noch entschuldigen kann. Man entwickelt Rechtfertigungsformulierungen für den Fall, daß man dem betreffenden Partner überraschend in die Arme läuft. Innerlich hofft man aber, daß er sich auf eine sechsmonatige Weltumsegelung begeben hat, deren Eindrücke so überwältigend sind, daß sie alles auslöschen, was vorher war, unter anderem die Erinnerung an den fehlenden Dank.

Wer schnell dankt, dankt doppelt

Selbstverständlich gibt es auch beim Bedanken einen angemessenen Zeitraum. Man muß nicht noch in der selben Nacht ein Telegramm senden, um sich für einen interessanten Theaterabend oder Restaurantbesuch zu bedanken.

Je schneller Sie sich aber melden, desto größer ist die Freude, die Sie Ihrem Partner machen. Er schließt aus Ihrer Schnelligkeit, daß Sie das, was er für Sie getan hat, besonders schätzen und daß es ein persönliches Bedürfnis für Sie ist, ihm eine entsprechende Botschaft zu liefern.

GFT

Bedanken Sie sich *sofort!*

Schieben Sie es nicht so lange auf, bis aus einem erfreulichen Ereignis eine peinliche Angelegenheit wird.

Wer schnell dankt, dankt doppelt.

STEFAN F. GROSS - ERFOLGSFORMEL

Achten Sie auf die Qualität Ihres Dankes

Der Wert Ihres Dankes beruht auf seiner Qualität. Es kommt deshalb nicht darauf an, einen Partner mit stundenlangen Danksagungen, mehrseitigen Briefen oder ausgefallenen Geschenken zu überhäufen. Übertriebener und aufdringlicher Dank verfehlt genauso sein Ziel wie Dank, der im Sinne einer lästigen Pflichterfüllung nachlässig und nebenbei geliefert wird.

Entscheidend sind vielmehr die Wortwahl, die Eleganz der Form und besonders das Maß der inneren Anteilnahme, das erkennbar wird.

Das Gewicht des Dankes sollte die Größe der Gefälligkeit stets übertreffen

Selbstverständlich sollte ein Gleichgewicht zwischen einer empfangenen Leistung und dem gelieferten Dank bestehen. Beide müssen sich in Einklang befinden. Achten Sie aber immer darauf, daß Ihr Dank stets etwas größer ist, als rein sachlich erforderlich. Geben Sie immer etwas mehr zurück, als Sie erhalten haben. Bieten Sie nicht nur das Minimum oder das Normale. Übertreffen Sie die Erwartungen Ihres Partners.

Überlegen Sie nicht allein, welche Mühe Ihr Partner in einer bestimmten Situation hatte, sondern immer auch, welchen Nutzen er Ihnen mit seiner Entscheidung oder seinem Verhalten geboten hat. Versuchen Sie, ihm mit Ihrem Dank eine entsprechend große Freude zu machen.

Geben Sie sich mehr Mühe als andere

Tun Sie mehr, als normalerweise üblich ist und als andere in Ihrer Situation machen würden. Rufen Sie beispielsweise Ihren Partner an, anstatt zu warten, bis Sie ihn rein zufällig wieder einmal treffen.

Danken Sie auch schriftlich, mit einer Karte oder einem kurzen Brief. Ihr Partner schätzt es sehr, daß Sie sich die Mühe machen, ihm extra einige Zeilen zu schreiben.

Sagen oder schreiben Sie Ihrem Partner hierbei einen Satz mehr, als andere dies tun würden. Liefern Sie keine beiläufige Bemerkung, sondern fassen Sie Ihren Dank in eine eigenständige Aussage: „Ich wollte Ihnen gerne noch sagen, wie sehr ich mich über Ihren freundlichen Brief gefreut habe. Vielen Dank."

Überlegen Sie, wo Sie mehr schenken sollten als nur Worte und in welchen Fällen es sinnvoll ist, sich mit einer kleinen Aufmerksamkeit, einem schönen Blumenstrauß oder einem interessanten Buch zu bedanken, verbunden mit einigen handschriftlichen Zeilen. Verhalten Sie sich dabei stets großzügig. Übertreiben Sie es nicht, aber sparen Sie auch nicht am falschen Fleck. Setzen Sie nicht unbedingt mehr Geld ein, dafür aber etwas mehr Zeit und Einfallsreichtum.

Verleihen Sie Ihrem Dank besonderen Nachdruck

Formulieren Sie Ihren Dank gefühlvoll und treffend. Verwenden Sie den speziellen Begriff anstelle des allgemeinen. Sagen Sie, was Ihnen im einzelnen so gut gefallen hat.

Knüpfen Sie beispielsweise an einer individuellen Begabung oder Vorliebe Ihres Partners an: „Es war mir klar, daß ein so begeisterter Bergsteiger wie Sie auch bei der Zusammenarbeit auf Sicherheit achtet. Vielen Dank dafür, daß Sie mir die Informationen so frühzeitig geschickt haben ..."

Achten Sie auf Ihren Gesichtsausdruck und auf Ihre Stimme. Drücken Sie Ihren Dank nicht so aus, als würden Sie eine Statistik über den Gesundheitszustand des deutschen Waldes verlesen.

Sprechen Sie den Bedank-Anlaß noch einmal kurz an, wenn Ihr Partner es nicht erwartet oder wenn er glaubt, das Thema sei bei Ihnen längst vergessen oder abgehakt. Bedanken Sie sich beispielsweise am Ende eines Treffens noch einmal für das entsprechende Verhalten Ihres Partners, auch wenn Sie den eigentlichen Dank bereits während des Gespräches geäußert haben.

Lassen Sie nicht zu, daß Ihr Partner Ihren Dank abwehrt, indem er seine Taten herunterspielt: „Das war doch nur eine Kleinigkeit ..." Sagen Sie ihm in diesen Fällen, weshalb sein Verhalten eben doch wertvoll für Sie war und weshalb Sie es so schätzen: „Aus meiner Sicht war es eine große Hilfe, weil ..."

Vermeiden Sie alles, was die Wirkung Ihres Dankes mindert

Das Bedanken ist eine eigenständige Aufgabe. Konzentrieren Sie sich deshalb darauf, und vermeiden Sie alles, was Ihrem Partner die Freude am Dank verderben könnte.

Lassen Sie Ihre Dankesworte einen Moment einwirken, bevor Sie mit einem anderen Thema fortfahren. Beginnen Sie insbesondere nicht mit einem Problemthema, das bei Ihrem Partner zu einem Gefühlssturz führen muß.

Widmen Sie einen wichtigen Dankbrief ausschließlich diesem Anlaß. Fügen Sie nicht zum Schluß noch einige Zeilen hinzu, die aus Ihrem liebenswürdigen Dankschreiben einen routinemäßigen Geschäftsbrief machen.

Verstecken Sie hinter Ihrem Dank keinen indirekten Vorwurf. Erzählen Sie nicht im selben Atemzug, was Ihnen noch fehlt, was Ihr Partner noch hätte tun können, wodurch seine Unterstützung für Sie noch wertvoller gewesen wäre. Starten Sie nicht sofort mit der nächsten Bitte oder Forderung, nach dem Motto „Nachdem Sie das bereits für mich getan haben, fällt es Ihnen doch sicher nicht schwer, auch noch ...“.

Halten Sie sich mit der Aussage „Das wäre doch nicht nötig gewesen“ zurück. Sie können Ihrem Partner selbstverständlich sagen, wie überrascht und erfreut Sie von seinem Verhalten sind. Wenn Sie aber das „nicht nötig“ zu stark betonen, beginnt er nachzudenken, ob Sie nicht möglicherweise recht haben und ob er nicht zuviel des Guten getan hat. Sie rauben ihm einen Teil der Freude daran, etwas Besonderes für Sie geleistet zu haben.

Liefern Sie immer einen Abschluß-Dank

Das Bedanken hat eine ganz entscheidende Funktion. Es bildet einen zeremoniellen Abschluß, nachdem man eine bestimmte Leistung empfangen hat. Ein Dank erfolgt nicht aus Berechnung, sondern weil er das Gegengewicht zu der Mühe bildet, die sich ein anderer gemacht hat. Dank im Vorfeld reicht deshalb nicht aus.

Viele Menschen belassen es beim „Vorab-Dank"

Viele Menschen glauben, daß sie sich bereits ausreichend bedanken, wenn sie eine nachdrückliche Bitte äußern und ihrem Partner ausführlich schildern, wie sehr sie sich über eine bestimmte Art der Unterstützung freuen würden.

Wenn sie dann die betreffende Leistung erhalten haben, gehen sie zur Tagesordnung über und geben kein weiteres Lebenszeichen von sich. Sie betrachten eine Rückmeldung als überflüssig. Die gedankliche Begründung lautet in etwa: „Ich habe ihm ja schon gesagt, wie sehr ich seine Hilfe schätze."

Der eigentliche Dank ist aber zu liefern, nachdem ein Partner das Gewünschte getan hat

Selbstverständlich ist es sinnvoll, wenn Sie sich bereits im Vorfeld für eine bestimmte Aktivität oder ein Entgegenkommen bedanken. Sie zeigen dem anderen damit, wie wichtig sein Einsatz für Sie ist, und Sie motivieren ihn, in Ihrem Sinne zu handeln und seine Zusage einzuhalten. Entscheidend ist aber das, was Sie ihm sagen, nachdem er für Sie tätig wurde. Nur wenn Sie auch am Ende danken, danken Sie richtig.

Ihr Partner möchte eine Erfolgsmeldung

Aus seiner Sicht erbringt Ihr Partner eine besondere Leistung, wenn er einen Wunsch von Ihnen erfüllt oder Sie auf eine bestimmte Weise unterstützt. Selbst bei kleinen Dingen hat er immer die Zeit und die Mühe vor Augen, die ihn die Aktion kostet.

Ihr Partner erwartet deshalb ein Wort des Dankes als Rückmeldung. Er hat Ihnen etwas gegeben und möchte als Gegenleistung eine Anerkennung für seine Bemühungen. Er will von Ihnen hören, daß seine Leistung bei Ihnen angekommen ist und daß er Ihnen einen entsprechenden Nutzen geliefert hat.

Vieles von dem, was ein Partner für Sie tut, macht er auch deshalb, weil er die positive Reaktion von Ihnen genießen möchte. Er handelt aus Hilfsbereitschaft und freut sich auf Ihre Nachricht und auf die Bestätigung seiner „guten Tat".

Ohne abschließenden Dank fühlt er sich von Ihnen ausgenutzt

Ohne entsprechende Nachricht fühlt sich Ihr Partner verletzt. Er empfindet Ihr Verhalten als äußerst undankbar. Der Eindruck, den er hat, lautet: „Wenn er etwas will, dann nimmt er sich Zeit und ist liebenswürdig und bemüht. Wenn er es bekommen hat, hört man kein Wort mehr von ihm ..."

Sie verspielen damit das Wohlwollen Ihres Partners. Er wird den Entschluß fassen, Ihnen zukünftig keine weitere Bitte mehr zu erfüllen. Er sehnt sich fast schon nach der Gelegenheit, bei der er Ihnen ein Anliegen abschlagen kann.

Liefern Sie deshalb stets einen Abschluß-Dank

Melden Sie sich bei Ihrem Partner, wenn Sie etwas von ihm erbeten haben und wenn das Ergebnis seines Handelns vorliegt. Rufen Sie ihn kurz an, oder senden Sie ihm einige schriftliche Zeilen, auch wenn Sie vorab ausführlich mit ihm über die Angelegenheit gesprochen haben.

Vernachlässigen Sie diese Aufgabe nicht. Selbst wenn er keine zusätzliche Nachricht von Ihnen erwartet, freut er sich über Ihr Verhalten. Er ist angenehm überrascht, daß Sie sich die Mühe machen, sich extra noch einmal persönlich bei ihm zu melden. Er erkennt den großen Unterschied zu den vielen anderen, denen seine Unterstützung offensichtlich weit weniger wert ist. Er wird auch bei der nächsten Gelegenheit gerne für Sie da sein.

Ein kurzes Nachwort

Liebe Leserin, lieber Leser!

Sie haben gelesen, was Erfolg bedeutet und wovon er und Ihre persönliche Lebensqualität besonders abhängen. Sie haben insbesondere gelesen und „studiert“, wie Sie mit Beziehungsintelligenz Ihre beruflichen und privaten Partner zu Ihren Freunden und Verbündeten entwickeln können.

Es kann gut sein, daß Sie bestimmte Erfolgsempfehlungen seit langem beherzigen und sich bei diesen Punkten sagen: „Hier bin ich bereits große Klasse.“ Es wird andere Empfehlungen geben, die neu für Sie sind, und Bereiche, bei denen Sie entscheidende Verbesserungsmöglichkeiten für sich entdecken. Ganz sicher werden Sie auch Ihre eigenen Ideen für das entwickeln, was Sie in Ihrer ganz individuellen Situation noch tun können, um die bestmögliche Beziehungsqualität zu Ihren Kunden oder Partnern zu erreichen.

Erlauben Sie mir deshalb bitte einige Gedanken zur Realisierung. Es ist nicht möglich, alles auf einmal zu tun und alles gleichzeitig zu ändern. Die Einführung und Etablierung von Veränderungen, speziell von Verhaltensveränderungen, erfordern Zeit und Übung.

Setzen Sie sich selbst nicht zu stark unter Druck. Versuchen Sie nicht krampfhaft, mit einem Schlag alles nachzuholen, was Ihrer Einschätzung nach bisher vielleicht vernachlässigt wurde. Die Gelegenheiten für Verbesserungen werden sich im täglichen Umgang mit Ihren beruflichen und privaten Partnern von allein ergeben.

Am besten ist es, wenn Sie die von Ihnen angestrebten Verhaltensweisen schrittweise einführen, mit einer Art Stufenplan. Stellen Sie sich hierzu bitte einfach einmal die folgenden Fragen:

★ *Wie lauten die für mich wichtigsten Grundsätze und Empfehlungen der Beziehungsintelligenz?*

  Welche „neuen" Verhaltensweisen möchte ich als erste etablieren?

  Womit sollte ich starten?

★ *Welche Erfolgsempfehlungen berücksichtige ich bereits, aber nur unregelmäßig und nicht „flächendeckend"?*

  Was sollte ich in Zukunft konsequenter tun als bisher?

  Was sollte ich ab heute zum Standard erheben?

★ *Wo liegen die größten Defizite?*

  Wo verhalte ich mich möglicherweise ganz und gar nicht nach den Prinzipien der Beziehungsintelligenz?

  Was sollte ich ab heute entschlossen vermeiden oder unterlassen?

Wir haben bereits zu Beginn des Buches darüber gesprochen, daß die Pflege und das Training der persönlichen Beziehungsintelligenz Daueraufgaben sind. Je mehr man dabei vorankommt, desto schärfer wird der Blick für weitere Verbesserungsmöglichkeiten. Wer auf dem Gipfel steht, hat einen weiteren Horizont als der, der sich im tiefen Tal befindet.

Lesen Sie dieses Buch deshalb nicht nur einmal. Blättern Sie es von Zeit zu Zeit wieder durch, wenn Sie die Lust dazu verspüren und wenn Sie etwas Muße haben. Mit Büchern ist es ähnlich wie mit Spielfilmen. Wenn man sie das zweite Mal sieht, entdeckt man sofort neue Details. Darüber hinaus ändert sich auch die eigene Lebenslage. Was zu einem bestimmten Zeitpunkt noch kein Thema war, hat auf einmal oberste Priorität.

Denken Sie an sich selbst und an die Wirkung Ihres Verhaltens sowohl auf Ihre eigene Kraft und Stimmung als auch auf Ihre Persönlichkeit. Erinnern Sie sich an den Satz: „Was Sie geben, erhalten Sie zurück." Mit Beziehungsintelligenz gewinnen Sie automatisch eine positive Geisteshaltung und eine beeindruckende positive Ausstrahlung – vergnügt statt besorgt, gelassen statt verbissen und entschlossen statt furchtsam. Besser geht es nicht.

In diesem Sinne wünsche ich Ihnen für Ihre Vorhaben und für das Erreichen Ihrer Ziele drei Dinge: viel Freude, viel Glück und viel Erfolg!

Ihr Stefan F. Gross

Positive Ausstrahlung

Vergnügt statt besorgt.

Gelassen statt verbissen.

Entschlossen statt furchtsam.

STEFAN F. GROSS - ERFOLGSFORMEL